Störungsmeldungen

Wolf Hansen

Störungsmeldungen

EIN ERFOLGSMENSCH STÜRZT AB:
DIE GESCHICHTE EINES BURN-OUTS

Autobiografischer Roman

SCHWARZKOPF & SCHWARZKOPF

Für Monfiwi — wen sonst?!

DANK AN:

Den Hasen aus Hamburg, Henning Sch...scht!, den großartigen KW, sowie alle weiteren Bewohner von Erdmannsdorf und Wolfshausen. Und an Jennifer Kroll vom Verlag. Applaus!

INHALT

ERSTES KAPITEL

Es gibt was auf die Ohren

Es knallte gewaltig, irgendwer schlug mit einer Peitsche auf mein linkes Ohr ein. Der Typ am Nebentisch schlürfte nur seinen Espresso und Jean, der mir gegenübersaß, gestikulierte wild mit seinen Händen, aber ohne Folterinstrument zwischen den Fingern. War's vielleicht ein nasser Lappen, so einer, mit dem die Bedienung die Tische abwischte? Negativ, sie wischte zwei Tische weiter rechts. Mir wurde übel und schwindlig, schaute hilfesuchend Jean an. Er merkte nichts, die Worte aus seinem Mund verloren auf dem Weg über die Marmorplatte ihren Sinn, verzerrte Fetzen knarzten mir entgegen: »Ziiiel-grrpp … Ammmpagneee … Mmbeilerrr …«

Mittagspausenzeit, ein schmaler Schlauch von Restaurant, Tisch an Tisch, die Espressomaschine kreischte durch die heiße Luft. Von hinten kam einer, der raus wollte, nicht ohne mir seine Laptop-Tasche in den Rücken zu rammen. Ich verlor fast das Gleichgewicht, murmelte was von Frische-Luft-Schnappen, rappelte mich auf und taumelte in die kalte Berliner Winterluft. Die Peitschen waren weg, nun waren Zwerge mit kleinen Hämmerchen am Werk, schlugen unablässig auf mein Trommelfell ein.

Gegenüber wachten zwei dicke Polizisten am Eingang zu Joschka Fischers Wohnung, die konnten mir auch nicht helfen, wahrscheinlich niemandem. Wenn's drauf angekommen wäre, hätten sie sich wohl eher hektisch mit ihren Maschinenpistolen selbst in den Fuß geballert, als den Außenminister geschützt. Januar 2001, ich stand in der Tucholskystraße, im Epizentrum der Hippness von Berlin-Mitte, und dachte, das wäre das Ende. Wo alles so gut lief, geradezu perfekt.

Vor zwei Stunden war der Auftrag reingekommen – eine neue Image-Kampagne für den Mobile, das erste echte City-Car. Seit anderthalb Jahren auf dem Markt, litt es unter Startschwierigkeiten. Die Mutter-Company verlor langsam die Geduld, drohte das poppige Ding doch Schatten auf das strahlende Image ihrer teuren Luxuslimousinen zu werfen.

Die Agentur Schlüters & Partner konnte den Etat-Gewinn gut gebrauchen, ihre für viel Geld eingerichtete Filiale in den Hackeschen Höfen machte bisher nur Mist. Kein Berlin-Glamour, keine noch nie da gewesenen Ideen, nur Kosten. Wollten sie den Auftrag unbedingt und dachten sich, ein zusätzliches Kreativteam als Ergänzung zur eigenen Stamm-mannschaft würde ihre Chancen erhöhen.

Das Team waren Jean, Art Director, gebürtiger Franzose, und ich, Henk, Creative Director aus Hamburg, der Texter im Team. Zusammen kosteten wir 3.000 Mark am Tag. Vor ein paar Monaten waren wir aus Hamburg dem Goldgräber-treck nach Berlin gefolgt und hatten uns taufrische Pent-house-Buden in Mitte besorgt – im Vergleich zu Hamburg zum Schnäppchentarif. Der Mobile war nicht unser erster Job in Berlin, wir ritten auf einer Erfolgswelle durch die rot-grüne Republik, der Standort Berlin versprach unseren Auf-traggebern Kampagnen, die neu und ungewöhnlich waren. Kennengelernt hatten Jean und ich uns bei Maass/du Bois, der seit Jahren heißesten Kreativagentur in Hamburg.

Jean war in der Agentur bis vor Kurzem fest angestellt gewesen und ich war als sogenannter Freier nahezu durch-gängig gebucht, was mir nicht nur die Bewunderung meiner Freunde einbrachte, sondern auch so unverschämt viel Geld, dass ich jeden Monat problemlos die Rate für meinen Jaguar blechen konnte. In der Agentur hatte ich den Spitznamen »Jaguar-Henk« weg. Gab Schlimmeres.

Jean machte manchmal tuntige Bewegungen, beteuerte aber seine Heterosexualität. Kam mir sehr entgegen, aufgrund akuten Haarausfalls hatte ich mir die Haare raspelkurz ge-schert und war so zur idealen Projektionsfläche für schwule

Fantasien geworden. Man sagte mir Stil nach und ich war dank regelmäßigen Trainings im Fitnessstudio auch für einen Enddreißiger gut in Schuss. Das reichte, um einige hübsche Jungs schier verrückt zu machen. Sie konnten es nicht fassen, dass ich meinen jungfräulichen Arsch behalten wollte, und stellten mir hartnäckig nach.

Jean hatte dafür eine andere Macke, die typisch für Art-Direktoren war: Er war unglaublich anstrengend. Bin bis heute nicht hinter das Geheimnis gekommen, warum die Arter ihre Dienstleistungsmentalität mit der Muttermilch aufgesogen haben und wir Texter gelassene Hunde sind. Art-Direktoren sind Muschis, Texter haben Eier. War bei uns beiden nicht anders, Jean hatte sich eine Maisonette in einer Platte am Ende der Karl-Marx-Allee geholt, quasi schon im Friedrichshain, ich ein Dachgeschoss in der Auguststraße. Er fuhr einen Proton 416 GLXi in Türkis-metallic (ein unfassbar hässliches Auto aus Malaysia!), ich einen Jaguar XJ12 mit Vollausstattung. Jean hatte vor einigen Jahren bei einem spätpubertären Kick-Start die Kontrolle über seine Enduro verloren und nur knapp eine Gruppe Kinder verfehlt. Der folgende Schock und der nur mühsam unterdrückte Drang der Schaulustigen, ihn zu lynchen, hatten dafür gesorgt, dass er den Büßer gab und sich selbst mit diesem komischen Auto bestrafte. Erinnerte mich an die Selbstgeißelung von Mönchen. Passend dazu kriegte er seit zwei Jahren keine Frau mehr ins Bett. Ich hatte eine ziemlich verrückte, versaute Chefarzttochter aus Zehlendorf frisch akquiriert. Constanze war 16 Jahre jünger als ich.

Trotzdem war Jean einer der besten Art-Direktoren, die mir jemals untergekommen waren. Immer ausgezeichnete Ideen auf Lager und ein Meister in Sachen Photoshop, dem damals besten Bildbearbeitungsprogramm. Half mir jetzt aber alles nichts, der Texter mit den Eiern kämpfte hier draußen mit unsichtbaren Dämonen. Und der Muschimann da drin war kerngesund.

Nach ein paar Minuten waren die Zwerge verschwunden, als kleines Geschenk hatten sie einen schrillen Pfeifton in meinen Ohren hinterlassen. Rappelte mich auf und eierte zurück in die Höllenenge. Den fetten Auftrag über 36.000 Mark im Sinn, schluckte ich noch mal und setzte mich wieder.

Jean starrte mich an, als wenn ihm sein rudimentäres Feingefühl eine Warnmeldung schickte. Er ignorierte sie. »Wo waren wir stehen geblieben?«, grinste er breit.

Ich warf ihm unseren letzten Gedanken zu einer möglichen Kampagne für den Mobile zu. Ging ja wieder, bis auf das Fiepen in den Ohren schien alles wie zuvor.

Füllten die nächsten zwölf Tage mit Denken, Verwerfen, neuen Ansätzen, bis wir schließlich drei ziemlich gute Kampagnen für die Seifenkiste fertig hatten und der Agentur präsentierten. Nickten sie die Sachen ab, schrieben wir die Rechnung, konnte der nächste Auftrag kommen.

Zwei Tage später war er da, es ging für uns nach Hamburg. Keine Zeit, um sich zu erholen. Constanze erzählte ich nichts von dem Vorfall, verdrängte die Sache und buchte sie als nicht ernst zu nehmende Lappalie ab. Das Mädchen schleppte mich in alle In-Places, ins Cookies, das 103, den Kurvenstar, verriet mir die beste Zeitung, den besten Radiosender und verlangte nach heftiger Zuneigung. Beim Sex hatte ich auf ihre Brüste zu schlagen, kräftig und anhaltend, bis sie kam. Kannte schon einiges, aber das war mir neu und unheimlich, jeder Treffer machte sie nur noch geiler und mich verlegener. Wann war es zu viel? Wann wurde ich gewalttätig? Wann sollte ich lieber aufhören? Als Studentin der Medizin wusste sie alles über den menschlichen Körper, aber darauf keine Antwort. So schlug und schlug ich, bis sie brüllend und zuckend von mir fiel. Danach holte sie mir entweder einen runter oder blies mir einen, bis ich in ihrem Mund kam. Dann spuckte sie aus. Schlagen ja, schlucken nein – ein Rätsel.

Die Autobahn war frei, ließ den Jaguar bei Tempo 180 schnurren. Jean räkelte sich auf dem Beifahrersessel und nölte mir ins rauschende Ohr. Von wegen wir hätten auf seiner Party neulich in seinem Bett miteinander geschlafen, die Constanze und ich. Stimmte haargenau. Auf seiner Geburtstagsfeier hatten sich nur Legionen von Langweilern eingefunden, keine einzige scharfe Praktikantin. Das öde Werbervolk stand stumpf mit einem Bier in der Gegend rum. Stiefelten wir also die Treppe in seiner Maisonette nach oben und fielen übereinander her. Das gab ich zu. Was ich ihm verschwieg: Als wir uns ermattet auf seinem brettharten Futon ausruhten, entdeckten wir seinen samtenen Schlafanzug. Jean fror schnell, erinnerte ich mich vage, er hatte mal davon gesprochen, nachts wäre ihm oft kalt. Und nun lag er da, der groteske Kinderpyjama. Constanze nahm die Hose zwischen ihre Beine und wischte sich damit ab. »Jetzt du!«, befahl sie mir. Ich sollte meinen Schwanz mit der himmelblauen Schlafanzughose abwischen, die sich wenig später mein Art Director anziehen würde. Machte mich nicht geil, der Mann hatte mein ehrliches Mitgefühl. Constanze lachte nur mit verächtlichem Unterton. Meine Güte, was wollte die noch alles von mir? In wenigen Jahren würde sie promovieren, vielleicht über die Notwendigkeit flauschiger Schlafanzüge bei akuter Jahrhundertgrippe. Mir ging das alles zu weit. Mir!

»Tut mir leid, wir waren nicht mehr bei Sinnen. Kommt nicht wieder vor.«

Jean gab sich damit zufrieden, konfliktscheu wie er war.

In Hamburg bezog er ein Zimmerchen zur Untermiete bei Andrea, einer Grafikerin, die er noch von Maass/du Bois kannte. Andrea hasste ihren Körper und ihr Geschlecht, in wenigen Wochen sollte sie Andreas heißen. Ich beneidete Jean nicht um seine Unterkunft. Wer bei Freunden schläft, schläft immer unkomfortabel und hat am Abend obendrein lästige Gespräche am Hals. Setzte ihn bei Andrea ab und steuerte das Madison an, wo ich ein Zimmer für zwei Wochen reserviert hatte. Das Madison war ein angenehmes Hotel, wunderbar auf Dauergäste eingestellt. In jedem Zimmer gab's eine kleine Küche und ein vernünftiges Doppelbett. Selbst bei einer Einzelbuchung musste man nicht auf einer armseligen Vertreterpritsche schlafen. Mit Glück war sogar Hafenblick inbegriffen, also ein kleiner: Über die Stelzen der U-Bahn hinweg glitzerte die Elbe am Horizont. Ich hatte Glück und ließ mich – Hurra rufend – auf das Kingsize-Bett fallen. Das Vergnügen kostete mich 180 Mark die Nacht, aber wen kümmerte das? Mein letzter Kontoauszug erregte mich und mit dem neuen Job schnupperte ich schon den Duft der nächsten Tausender. Das Parfüm der druckfrischen Banknoten machte mich sogar noch mehr an als der Geruch von Constanzes Muschi.

Gönnte mir einen Ceasars Salad mit Lammstreifen im hoteleigenen Restaurant. Am Nebentisch schlürfte Pim Heeskens sein Bier, nach Rudi Carrell der populärste holländische Komiker in Deutschland, unfassbar beliebt, der Mann musste Millionen machen! Gute Gesellschaft, dachte ich mir, und nahm noch einen Zug vom Frischgezapften. Jean durfte sich jetzt wahrscheinlich mit den Herausforderungen einer Geschlechtsumwandlung auseinandersetzen.

Licht aus, streckte und reckte mich in der gemütlichen Landschaft des weichen Bettes, am nächsten Morgen galt es, um neun bei First One auf der Matte zu stehen. First One – was für ein bescheuerter Name! War zwar kein Gesetz, aber so gut wie alle erstklassigen Agenturen trugen die Namen ihrer Gründer. Saß First One obendrein in Wandsbek, dem Outback von Hamburg. Nicht eine einzige ernst zu nehmende Agentur hätte jemals daran gedacht, sich in dieser Einöde niederzulassen. Die guten Läden glänzten mit Adressen in der Innenstadt oder machten sich wie Maass/du Bois in Szenevierteln breit. Im Grunde war First One zweite Wahl, aber sie hatten mich und Jean wegen unserer Historie gebucht und wir freuten uns, mit kleinem Gerät ordentlich Heu einzufahren.

Um ein Uhr wurde mir die Sache unheimlich, lag seit zwei Stunden brav im gemachten Bett und hatte noch kein Auge zugetan. Wälzte mich von links nach rechts, von rechts nach links. Immer begleitet von einer penetranten singenden Säge in meinen Ohren, die nicht aufhören wollte, mich mit ihrer eintönigen Sinfonie zu foltern.

Stand wieder auf, legte mich mitsamt meinem Bettzeug auf das geblümte Sofa im Landhausstil. Erfolglos. Stellte im Radio den Klassiksender ein, der besonders zur Nacht nichts anderes spielte als zuckersüße Melodiechen fürs schlaflose Bildungsbürgertum. Ebenso erfolglos.

Drei Uhr, Radio aus, Fernseher an. Erwischte das dritte Programm vom Bayerischen Rundfunk, *Space Night*. Irgendein unerschrockener Geist hatte den erzkonservativen Katholikensender dazu gebracht, im Nachtprogramm Weltraumszenen zu senden, die mit ziemlich angesagter Ambient-Mucke unterlegt waren. Das Techno-Volk nutzte den Klangteppich meist, um von Drogentrips runterzukommen. Wussten das die bajuwarischen Entscheidungsträger? Mir half die Endlosschleife, gegen vier Uhr wegzudämmern.

Dem Wecker haute ich um halb acht im Halbschlaf einen drauf, wurde erst kurz vor neun wach. Kurz vor neun! Schnappte mir mein Handy und rief Jean an. »Hab verpennt, sorry! Versuch, die Leute erst mal allein zu unterhalten. Bin gegen zehn da.«

Jean, für einen Franzosen seltsamerweise stets überpünktlich, stand schon vor dem grauen Industriebau von First One und fügte sich maulend seinem Schicksal. Art-Direktoren sind lausige Smalltalker und Jean war der lausigste von allen. Frauen und Autos, die Themen zogen immer, dummerweise wusste er von beidem aktuell wenig Glamouröses zu berichten.

Als ich kurz nach zehn in die Agentur hechelte, fand ich Jean mutterseelenallein im Konferenzraum, kurz Konfi genannt.

»Schön, dass du auch endlich da bist«, zischte er mir zu.

»Wieso? Haben sie dich schon gebrieft?«

»Nein, erst um halb elf, sind alle noch im Montagsmeeting.« Das Montagsmeeting ist bei den meisten Agenturen der Startschuss für die neue Woche: was liegt an, wichtige Termine, wer macht was und so weiter. Hätte ich mir denken können, die ganze Aufregung umsonst.

Das Briefing war ein Spaziergang, es ging um ein Start-up-Unternehmen, das groß ins Geschäft einsteigen wollte mit Internetauftritten für Firmen aus dem asiatischen Raum. Mussten wir also bei Adam und Eva anfangen – sprich: beim Logo, der Geschäftsausstattung, Broschüren und dem ganzen Kram. Nicht gerade das, was sich Kreative erträumen, die sonst für Doppelseiten und TV-Spots verantwortlich sind, die berühmten Königsdisziplinen der klassischen Werbung. Aber sie zahlten gut und mir war's in meinem Zustand recht, nicht den üblichen Druck zu haben.

Das Internet war damals noch eine jungfräuliche Braut, um die sich alle balgten, als gäbe es kein Morgen. Die sogenannten Start-ups trieben von Investoren Geld auf, die sich ihrerseits satte Gewinne versprachen. Dachten sich also junge Leute in

Loft-Büros brandneue Geschäftsmodelle aus und warfen die Kohle ihrer Investoren erst mal zum Fenster raus. Besonders Mutige gründeten gleich eine AG, die innerhalb weniger Monate Millionen an der Börse wert war, ohne dass jemand genau wusste, was die in der Bude eigentlich taten. Das Seltsame daran: Es interessierte keine Sau, noch wuchs die Blase und wuchs und wuchs. Und ich labte mich hervorragend im Seifenschaum, der sie umgab: Berlin, Penthouse, Jaguar.

Am Abend gingen Jean und ich zum Thailänder ins Schanzenviertel, machten sozusagen Alternativprogramm zu Wandsbek. Zurück im Hotel, fühlte ich mich dem Tod näher als dem Leben. Immerhin, die ersten 1.500 Mark waren im Kasten. Telefonierte mit Constanze, die keine anderen Sorgen hatte, als nach zwei Tagen Trennung bereits unter Sehnsuchtsanfällen zu leiden. Aus ihrem geilen Gurren hörte ich raus, dass sie meinen Schwanz besonders vermisste.

Nach unserem Gespräch ging ich sofort ins Bett. Na, wer so müde ist, wird auch gut schlafen, dachte ich – und irrte mich. Um ein Uhr immer noch hellwach, schaltete ich wieder die *Space Night* ein. Der Weltraum, unendliche Weiten, Ruhe, jetzt schläfst du ein. Jetzt! Wenn nicht auf dem Rücken, dann auf dem Bauch. Vielleicht besser auf der Seite? Wie ich auch lag, es drohte die Wiederholung der letzten Nacht. Der gleiche Horror.

Um zwei wurde ich geil und hatte die Idee, dass Sex helfen könnte. Telefonsex mit Constanze. Sie mochte es nicht, wenn ich sie bei ihrem vollen Vornamen nannte. »Sag doch Conny zu mir, wie alle anderen auch«, bat sie mich seit Wochen. Conny, *Conny*! So hießen einfältige Schlagermädchen. Constanze klang nach dem, was sie war: eine Tochter aus gutem Akademikerhause. Intellektuellenadel.

Dummerweise wohnte sie noch bei ihren Eltern. Anrufen um diese Zeit? Mutter und Vater wussten von mir, da lag nicht das Problem. Ihr Chefarztvater war eine Kapazität an der Charité, ein international geachteter Herzchirug, in dieser Funktion jederzeit bereit, einem Infarktpatienten in letzter Minute das Leben zu retten. Auch nachts. Sollte also statt Constanze ihre Mutter ans Telefon gehen und statt der Klinik nur der notgeile Freund ihrer Tochter am anderen Ende der Leitung sein, dann hätten wir ein Problem. Eines zu viel.

Ich beschloss, mir einen runterzuholen. Wo eine geeignete Vorlage herkriegen? Im Fernsehen liefen zu dieser Uhrzeit jede Menge Spots, die so einiges versprachen, vor allem unverschämt teuren Telefonsex. Da räkelten sich die Girls um die Wette und stöhnten mich stumpf aus ihren verzerrten und grell geschminkten Gesichtern an: »Oooh, ich bin die Babsi, naturgeil.« – »Aaah, ich bin die Nancy, mache alles, was du willst, meine dicken Titten sind nur für dich ...« Ein Trauerspiel, zweitklassige Körper, ging gar nicht, zu offensichtlich, zu gestellt. Aber es musste ja bei irgendwem funktionieren, sonst würde es diese Spots nicht geben. Saßen wahrscheinlich überall in Deutschland einsame Männer und ließen sich von billigen Vorstadtschönheiten dazu verführen, ihre Telefonrechnung mal eben durch die Decke gehen zu lassen. Hey, ich war kein Bauer aus Buxtehude, ich war ein Creative Director aus Berlin, bei mir zog diese stumpfsinnige Scheiße nicht!

Also Glotze aus und rein ins Internet. Stöpselte mein Apple Powerbook in die Telefonbuchse, war mit der weltweiten Pornomaschine verbunden. Die meisten Seiten boten nur den gleichen Dreck wie das Fernsehen. Nach einer halben Stunde entdeckte ich ein paar einschlägige Fetischseiten mit erstklassigen Mädchen in Stiefeln, Lack-Overknees und schwarzen Nylons. War schon besser, schleppte den Laptop ins Bett und machte mich ans Werk. »Ja, ja, ja, du sollst es sein«, stammelte ich blöde vor mich hin, dann kam es mir, halbgar, kein Zittern ging durch meinen müden Körper, keine Orgasmusfreude.

Sekunden nachdem ich abgespritzt hatte, litt ich unter postmasturbatorischen Einsamkeitsschüben. War ein einsamer Wichser in einsamer, schlafloser Nacht in einem anonymen Hotelzimmer in Hamburg! Nun war ich nicht nur schlaflos, nun war ich auch frustriert. Zu kraftlos, um die Kleckerei von meinem Bauch zu wischen, deckte mich einfach zu und fiel in einen unruhigen Halbschlaf.

Drei Uhr in der Früh wieder hellwach und zum ersten Mal seit vielen Jahren kamen mir die Tränen. Weinte hemmungslos, schluchzte wie ein Liebeskranker und schlief endlich ein.

Am Morgen unter der Dusche fühlte ich mich wie nach einer durchsoffenen Nacht und stand minutenlang unter einem eiskalten Strahl. Meine einzige Rettung war die Vorfreude auf meinen Jaguar, der mich in der Tiefgarage erwartete. Die schöne graue Katze, die Farbe nannten sie »gunmetal-grey«, schon für sich allein zum Niederknien. Unter der langen Motorhaube schlug das Herz des legendären Zwölfzylinders, eine wuchtige und doch geschmeidige Maschine, die – da machte sie dem Markennamen alle Ehre – genauso lieb schnurren wie böse fauchen konnte. Nur seelenlose, vernunftgesteuerte Graugesichter fragten nach dem Verbrauch. Im Innenraum verwöhnte die Atmosphäre eines englischen Salons, poliertes Wurzelholz, duftendes Leder. Meine Raubkatze bedeutete mir fast mehr als jede Frau. Und sie war erstklassig in Form, jeden Tag.

Steuerte sie nach Wandsbek, zu First One, zu den 36.000 Mark, zu den Geldgebern, die für den Erhalt einer bedrohten Autoart in meinen Händen sorgen sollten, aber auch zur geschmacklosesten Agentur, die mir seit Langem untergekommen war. Dagegen war der Proton von Jean eine

Design-Ikone. Ging schon los mit dem Parkplatz: Auf der anderen Straßenseite hatte First One eine Brache angemietet, genau genommen eine Wiese. Die letzten Tage hatte es reichlich geregnet, also parkte man auf schlammigem Untergrund. Auto dreckig, Schuhe ruiniert. Meine schönen handgenähten, feinstes Pferdeleder, von Schuhmachern mit jahrhundertelanger Tradition auf Mallorca gefertigt. Kosteten natürlich was, hielten dafür ewig – solange man mit ihnen nicht ständig durch die Scheiße watete.

Bevor ich einen Fuß in die Agentur gesetzt hatte, stand mir der Hass bis zum Kinn. Über die Straße, vorbei an allen Traurigkeiten dieser Welt zum Fahrstuhl. Industriegelände, Lastenfahrstuhl, krachend, scheppernd und schmutzig.

In der Agentur erwartete mich genormte Auslegeware und ein ach so verrückter knallroter Empfangstresen, hinter dem eine Provinzpflanze saß, die es noch nicht mal zur Spargelkönigin geschafft hätte. Sehnte mich nach Maass/du Bois, die nur Blondinen einstellten und zwar solche, die selbst treuste Familienväter dazu bringen konnten, sofort Frau und Kinder zu verlassen. Hatte weder Frau noch Kinder, zählte mich dennoch zur Zielgruppe dieser Sirenen. Hier lauerte kein blondes Gift. Lief gefahrlos an Möbeln vorbei, die genau so in jeder Finanzbehörde standen, und entdeckte Arbeitsplätze, die mit Ansichtskarten aus dem letzten Urlaub und lustigen Plüschfiguren geschmückt waren, die sich an vergilbte Computerbildschirme klammerten und die doch nur traurig waren, sehr traurig sogar. Die Angestellten tranken aus Kaffeetassen mit Motiven drauf, deren dämlicher Witz dem der plüschigen Figuren in nichts nachstand: »Der Besitzer dieser Tasse ist über 30 Jahre alt. Bitte sprechen Sie langsam und deutlich.« Der tatsächliche Besitzer des Kaffeepotts versprühte die Aura eines fünfzigjährigen Sparkassen-Mitarbeiters. Bei einem weiteren mitleiderweckenden Typen bestätigte die talgige Masse seines Gesichtes aufs Eindrucksvollste die Aussage auf seinem Becher: »Ich bin hier der Afa – Arsch für alles«. War nahezu unmöglich, in der Küche keine Depression zu bekommen.

Bei Maass/du Bois war so eine kleinbürgerliche Wohl-fühlscheiße strikt verboten, die hielten richtig was auf ihre Corporate Identity, auf ihr einheitliches Erscheinungsbild. Die wollten nicht, dass es in ihrem Laden so geschmacklos aussah wie bei manchen Mitarbeitern oder bei der Ziel-gruppe zu Hause, die wollten keine Übergriffe des stupiden Gemütlichkeitsterrors auf das Arbeitsumfeld. Die Wände waren weiß, posterfrei, weil weiße Wände unschuldig sind und den Betrachter nicht irritieren. Sie sollten ihn vielmehr inspirieren, seinen Gedanken Spielraum lassen, Ablenkung war unerwünscht. Außer durch die Blondinen natürlich.

First One hatte keinerlei Kultur, das waren Banausen. Sogar Primaten? Klar! Ich war nicht in einer Werbeagentur gelandet, das hier war ein Werberzoo. Schaut her, was diese Branche für niedliche Wesen beherbergt! Füttert die quirligen Texteraffen mit Anzeigen-Peanuts, reicht den gutmütigen Grafikgiraffen frische Blätter, die sie bunt bemalen können! Meine Fantasie half mir, übers Gröbste hinwegzusehen, auch über den Gipfel der Grausamkeit: Hatten sie Kunstposter an den Wänden mit den üblichen, zu Tode reproduzierten Werken von Dalí, Miró, van Gogh und all den anderen, die sich nicht mehr wehren konnten. Dazu kämpften in Plastik-kopien von Terrakottatöpfen traurige Zimmerpalmen ums Überleben in feindlicher Umgebung. Kurz: Es war ein Elend. Diese elende Mühle, jeden verdammten Tag mahlt sie dich in kleinere Stücke. Vor allem, wenn du angezählt bist.

Die Tage in der Agentur schienen endlos, schon kurz nach zehn starrte ich die Uhr an, als wär sie der Fernseher. Wie lang war es noch bis zum Mittag? Wobei auch das kein Vergnügen war, Wandsbek bot in Sachen Essen natürlich nur eine triste Auswahl: einen Asia-Imbiss, einen schlechten Italiener, ein Einkaufszentrum mit den üblichen Abfütterungsketten, das war's. Die kleinsten Fluchten schrumpften zu winzigen Abwechslungen.

Kam noch dazu, dass mein Partner kaum abzuwimmeln war. Jean war eine Klette, so ein Team war nichts anderes als eine Zwangsehe. Zu zweit gab's die besseren Jobs, die besseren Tarife, also tat man sich zusammen. Besonders für Texter, von Natur aus Einzelgänger, war eine solch feste Verbindung stets aus der Not geboren. Jeder gute Texter würde mit der Zunge schnalzen, wenn er nur für sich allein und sein Schreibtalent gebucht werden würde. Aber nein, an die meisten schönen Jobs kam man nur als Team ran. Kaum riefen sie einen an, folgte gleich die verhasste Frage: »Und Henk, arbeitest du mit einem Art Director zusammen? Können wir euch zusammen buchen?« Irgendwann haben sie dich so weit, dass du dir einen Partner suchen musst – ob du willst oder nicht.

Mein Partner hatte die grässliche Angewohnheit, pünktlich um zwölf das zu tun, was ich mit Schrecken erwartete. Er fragte: »Und wohin gehen wir heute in der Pause?«

Ich fühlte mich so wie ein seit Jahrzehnten verheirateter Mann, der die sonntägliche Standardfrage seiner Frau fürchtet: »Und was machen wir heute?«

Verheimlichte ihm weiterhin meine Schwierigkeiten, überhaupt den Tag zu meistern. Manchmal erfand ich kleine Ausreden. Von wegen ich hätte was zu erledigen. Um ihm nicht über den Weg zu laufen, steuerte ich den Parkplatz an und ließ mich in die Lederpolster meiner Katze fallen. Hatte ich genügend Kraft, fuhr ich nach Eppendorf oder in die Innenstadt, um in aller Ruhe was zu futtern und kurz durchzuatmen. War ich komplett erledigt, machte ich für eine halbe Stunde die Augen zu und enterte den Asia-Imbiss erst, wenn sich die Meute schon wieder auf dem Rückweg in die Agentur befand. Jean mochte ich ja in den Tiefen meines Herzens, die Leute von First One waren die Pest, wollten unbedingt dem gehypten freien Team Gesellschaft leisten, um bissken Glamour und Gossip aus anderen Agenturen abzugreifen. Hin und wieder bediente ich sie mit kleinen Geschichten, die sie gierig aufsogen. Aber nicht heute, nicht jetzt, am besten nie wieder.

Die erste Woche überstanden – wie auch immer. Hatte den Laden kaum später als sieben verlassen und mich jeden Abend nach meinem Hotelzimmer gesehnt. Stets begleitet vom permanenten Konzert des Rauschens, Fiepens und Jaulens in meinen Ohren. Hatte sich zum Wochenende Constanze angesagt, konnte ich ihr nicht mehr ausreden. Natürlich ging das ICE-Ticket über meine goldene American Express.

Freitagabend holte ich sie vom Hauptbahnhof ab. Kaum im Hotel, legte sie los: »Ich bin schon die ganze Woche so geil auf dich.« Mir steckte die Müdigkeit in jedem Knochen, jeder einzelne fühlte sich an, als wäre er aus Stein, selbst mein Schwanz war nur ein taubes Stück Fleisch. Aber sie hatte sich was ausgedacht, ein kleines Detail, das mich reizte: ihre runde Intellektuellenbrille. In Kombination mit ihrem weißen Kapuzenpullover regte sich die Lust bei mir. Riss ihr die Jeans runter und schob den Pulli so weit hoch, dass sie die Arme nicht mehr bewegen konnte. War sie mir ausgeliefert, ein hilfloses Stück, konnt ich mit ihr machen, was ich wollte. Ha, wie wär's mit Brustklammern? Keine zur Hand, also besorgte ich's ihr heftig auf die gute alte Art. War sie ganz wild auf diese Vergewaltigungsszenerien. Im normalen Leben schreien sie nach Emanzipation und ekeln sich vor behaarten Halbaffen von Männern, hinter zugezogenen Vorhängen wollen sie die härtesten Praktiken. Bevor ich kam, zog ich ihn raus und spritzte ihr die Brille voll. Schnurrte sie wie ein befriedigtes Pumaweibchen zur Paarungszeit. Und setzte ihre Brille das ganze Wochenende nicht wieder ab. »Wegen des großen Erfolges«, lautete ihr lakonischer Kommentar.

Constanze hatte keine gute Meinung von Hamburg. Das wohlbehütete Mädchen aus Berlin-Zehlendorf hasste genau das an Hamburg, was sie tagtäglich umgab. Klar, so was Subversives und Schaurig-Kaputtes wie in Mitte vermutete sie nicht in der reichen Kaufmannsstadt. Führte sie am Samstag ins Karolinenviertel, den schmutzigen Hinterhof von Hamburg. Wie so oft, zog auch hier das fahle Licht des Untergrunds die kreativen Motten magisch an.

Zeigte ihr Maass/du Bois, die das als Erste erkannt und sich schon Anfang der Neunziger hier angesiedelt hatten. Zum Haupthaus gesellte sich mittlerweile eine ehemalige Außenstelle des Hamburger Schlachthofes. An sich eine uninteressante Halle mit Flachdach. Die war aber hoch genug, dass sie direkt unters Dach eine Art Gondel mit ein paar Arbeitsplätzen drin gehängt hatten. Andere meinten, das Ding sähe eher wie ein Waggon der Wuppertaler Schwebebahn aus. Durfte keiner in den Mund nehmen: Wuppertal! Klang den Chefs zu sehr nach Ruhrpott, nach Ruß und Schweiß. Wie auch immer, das Ding hatten namhafte Architekten zu verantworten und schon kurz nach Fertigstellung hatten sich ebenso namhafte Architekturzeitschriften darum gerissen, über das Ding zu berichten. Der Waggon war also heiß, hot hot hot, und die Agentur natürlich genauso. Schlau kalkuliert.

Wir kamen rein, kannten mich ja da, staunten die Schwebebahn an. »Da drin hast du gesessen und gearbeitet? Wie fühlt sich das an, so am angesagtesten Arbeitsplatz der Werbung?«

Geiler, als du denkst, wollte ich sagen. Gab mir aber Mühe, eine abgeklärte Antwort zu liefern: »Warm und wackelig.«

War gar nicht mal gelogen, da oben staute sich die Wärme, das Teil kam jedes Mal in Schwingungen, wenn jemand die Leiter hochstieg und durch den Gang lief. Wie ein leichtes Erdbeben, bei magenempfindlichen Kollegen war die Arbeit im schwebenden Waggon nicht beliebt. Konnte dich obendrein jeder von unten beobachten. Ich mochte das wie viele nicht, behielt mein Unbehagen aber für mich, sonnte mich in meiner Wichtigkeit und schenkte Constanze ein breites Grinsen.

Erzählte ihr noch die Anekdote von der Kundenlederjacke. *Was?* Na ja, ist ein wildes Viertel. Und wenn man mit dem Kunden mittags rausgeht, tauscht der sein Boss-Sakko gegen besagte Lederjacke, um in der Suppenküche nebenan nicht gleich was auf die Nase zu kriegen. War natürlich nur eine Legende, die Maass/du Bois weitere PR bescherte. Ich hab in meinen Jahren bei der Agentur nicht einen einzigen Kunden in Lederjacke gesehen. Denen reichte es schon, wenn sie im Taxi vom Flughafen in diese für ihren Geschmack gemeingefährliche Gegend chauffiert wurden. Schauer inklusive. Ging's zum Lunch, wurde in Wahrheit natürlich nicht in der Suppenküche, sondern in den üblichen Locations am Hafen oder in der Innenstadt gespeist. Egal, die Story war gut und sie funktionierte. Selbst bei Constanze, der superschlauen Einser-Abiturientin und zukünftigen Doktorin der Gynäkologie – so war's in ihrem Elternhaus geplant und so sollte es auch kommen.

Nahm sie bei der Hand, gingen wir zur Suppenküche von Axel, der Axt. Kannte ihn noch aus gemeinsamen Punk-Tagen Anfang der Achtziger. Die Axt hackte jetzt Kräuter für seine Suppen, Pogo-Henk schlürfte sie und bezahlte dafür fünf Mark pro Schüssel. Merkte, wie irritiert Constanze ob solcher Lebensläufe war. Wir hatten nirgendwo eine Eins gehabt und uns mit Hilfe anderer Talente bis hierher durchgeschlagen.

Nach der Suppe enterten wir Mütter und Väter, den hippsten Klamottenladen nördlich des Äquators, ach was, es war der hippste der ganzen Welt. Sechs Monate später sollten sie eine Filiale in Berlin haben, in Mitte natürlich, und somit der hippste Laden des Universums werden! Die druckten Sprüche auf T-Shirts, Hemden und Pullover, die mal wirklich oberfrech waren und von intelligentem Humor zeugten. Schenkte Constanze ein Tanktop mit dem Aufdruck »Prader Meinhof« und einer leicht modifizierten Version des Maschinengewehrlogos der RAF. Sie wollte das olivgrüne Hemdchen unbedingt, bekam's von mir und sollte es in Berlin nicht ein einziges Mal in der Öffentlichkeit tragen.

»Was sollen die von mir denken?«, sollte sie sich entschuldigen. Mit »die« meinte sie ihre Eltern, ihre pseudo-rebellischen Freunde aus Zehlendorf und ihre Mitstudenten, die allesamt aus ähnlichen Verhältnissen wie sie stammten. Tat sie mir leid, wollte das Mädchen rebellieren, konnte aber nicht. Wogegen auch? Machte ihr gesamtes Umfeld schon das Kreuz bei der SPD, wenn nicht sogar bei den Grünen.

Ihre Freunde musste ich regelmäßig bei zivilisierten Treffen in bekannten West-Bars ertragen, langweilte mich wie bei einem Verwandtenbesuch.

Die wussten gar nicht, wie gut es ihnen ging: Ferienhäuser an der Nordsee, nagelneue Autos zum Abitur, die besten Unis schon in Aussicht. Ertappte mich dabei, ihnen eine gefährliche Liebschaft mit harten Drogen zu wünschen oder eine Affäre mit einem Mitglied aus der Kreuzberger Hausbesetzerszene. Natürlich Wunschträume, saßen sie allesamt derartig fest im Sattel, dass schon ein außerordentlich wildes Pferd nötig gewesen wäre, damit sie Staub fraßen. Aber wilde Pferde, selbst wilde T-Shirts, die mieden sie wie die Pest. Wilde Welten waren nur erwünscht, wenn es einen ordnungsgemäßen Notausgang gab.

War glücklich, als ich Constanze am Sonntag wieder in den ICE nach Berlin setzte. Sie unzufrieden, weil wir nach Freitagabend keinen Sex mehr gehabt hatten, ich zufrieden, endlich wieder allein zu sein. Sehnte mich nach nichts anderem als danach, allein zu sein, keine zweite Stimme, keine Fragen, keine Wünsche. Machte mich das Summen in meinen Ohren zunehmend unruhiger, die singenden Sägen taten sich zu einem Orchester zusammen, das mir pausenlos seine atonalen Sinfonien direkt in meine Gehörgänge jaulte. Es war so schizophren: War ich in Gesellschaft, hörte ich die nervtötenden Sägen nur am Rande, wollte aber partout alleine sein. War ich allein, drehten sie volle Pulle auf und ich taumelte nur noch durch mein Leben wie ein Fremder, dem dieses fremde Leben permanent eine gerade Rechte ins Gesicht haute und der mehr und mehr seine Deckung aufgab. Ich war's, ich selbst, zunehmend willenlos, widerstandslos, ein angeschlagener Boxer, der nur noch den Hauch von einem Punch brauchte, um endgültig in die Knie zu sinken.

Am Abend schaute ich mir aus Tradition den Sonntagskrimi im Ersten an. Und hoffte, sie würden einen bringen, der wenigstens ein bisschen spannend war. Kam einer aus Stuttgart, schnarchiger Kommissar, den Mörder erkannte ich nach zwanzig Minuten. Wer schrieb eigentlich derartig öde Drehbücher und bekam dafür auch noch eine Stange Geld? Na, vielleicht würde mich so viel Langeweile zumindest schläfrig machen. Zur Verstärkung kippte ich zwei Gläser Rotwein. Als letztes Hilfsmittel nahm ich Ohropax, um ja nicht von lärmenden Zimmernachbarn oder anderen Geräuschen am Schlafen gehindert zu werden. Es geschah tatsächlich ein Wunder – ich schlief ein! Das Wunder dauerte exakt bis 4:01 Uhr an und hatte mir etwa viereinhalb Stunden Ruhe geschenkt.

Danach das übliche Spiel: Hin-und-her-Wälzen, verzweifelte Bemühungen, den verlorenen Schlaf wiederzufinden. Zählte bis tausend, zumindest wollte ich das, bei 402 gab ich auf und schaltete *Klassik Radio* ein.

Um fünf stellte ich das seichte Gesäusel wieder aus und wartete auf das Aufstehen. Statt eines Weckers wünschte ich mir einen Einschläfer.

Am nächsten Tag ging's bis zum Nachmittag erstaunlich gut, ertrug das gemeinsame Mittagessen mit Jean, schleppte mich von Genuss zu Genuss, von Abwechslung zu Abwechslung. Tee kochen, eine Zigarette, Stück Kuchen, noch 'ne Zigarette. Eigentlich war ich so was wie ein Genussraucher und stolz drauf: tagsüber kaum eine, zum Abend zwei, drei, in Gesellschaft und auf Partys gern eine ganze Schachtel. Das konnte ich jetzt vergessen, brauchte das Nikotin, um mich dran festzuhalten.

Am Mittwoch meldete sich Jean zu Wort: »Sag mal, Henk, stimmt was nicht? Du machst immer früher Feierabend, will ja nichts sagen, aber es fällt langsam auf.«

Das hatte ich befürchtet, bei unserer Gage wollten sie Einsatz sehen. Seit es die sogenannten Kreativagenturen gab, war es zum ungeschriebenen Gesetz geworden, dass man zehn, zwölf oder sogar vierzehn Stunden am Schreibtisch hockte. Als wenn die Ideen davon besser würden! Ging das Gerücht um, ein schlauer Kopf hätte zu seinem Chef gesagt: »Werde ich hier für meinen Arsch oder für meinen Kopf bezahlt?« Half alles nicht, die ausbeuterischen Arbeitszeiten schienen wie in Stein gemeißelt. In den Arbeitsverträgen bauten die Agenturen eine Kaugummiklausel ein, die jeden Angestellten bei außergewöhnlich hohem Arbeitsaufkommen zu Überstunden verpflichtete. Die Ausnahmen waren natürlich die Regel und die Überstunden unentgeltlich. Was wollt ihr? Bezahlen euch doch schon genug! Damit hatten sie im Prinzip nicht unrecht, zählte man allerdings die Überstunden dazu, sah die Rechnung gleich anders aus. Die Agenturen profitierten von den Idioten, die es unglaublich geil fanden, bis in die Puppen zu schuften. Seht her, was für ein toller Typ ich bin! Manche brauchten das für ihr Werberego. Ich nicht, längst nicht mehr, schon gar nicht in dieser beschissenen Situation.

Setzten sie noch einen obendrauf, Großraumbüros waren schwer in Mode, in der Werbung hatten sie natürlich einen viel smarteren Begriff dafür gefunden: offene Strukturen. Ha, so ein Scheiß! Wie jeder Impuls, jeder Trend war der Schwachsinn aus Amerika und England zu uns gekommen. Raunte man sich zu, von wegen in dieser unglaublich hippen Agentur in London gäb's gar keine festen Arbeitsplätze mehr. Jeder hätte einen Spind für seinen Laptop und die aktuellen Unterlagen und suche sich jeden Tag aufs Neue einen Platz, der gerade frei sei. Sogar der Creative Director mache da mit, saucool! Bei Maass/du Bois hatten sie das Prinzip im Großen und Ganzen übernommen, nur Peter Maass und Michel du Bois gönnten sich ein gemeinsames Büro, in das niemand reinschauen konnte, weil die Jalousien immer zugezogen waren.

Sah den Vorwurf in großen Buchstaben auf Jeans Gesicht geschrieben. In der naiven Hoffnung, es könnte jeden Tag vorbei sein mit den Schlafstörungen, schob ich alles auf Beziehungsprobleme: »Weißte, Jean, Constanze und ich machen grad 'ne schwierige Phase durch, geht mir gehörig an die Nieren.«

»Hab mir schon so was gedacht. Mann, mach dich nicht kaputt, die ist einfach zu jung.«

Genau das braucht man in solchen Momenten: bescheuerte Ratschläge. Na, großartig! Natürlich, im Haifischbecken darfst du niemals auf Mitgefühl hoffen. Immerhin schluckte Jean meine noch nicht mal besonders gute Ausrede.

Die wenigen Stunden, in denen ich Schlaf fand, verringerten sich von Nacht zu Nacht, von Donnerstag auf Freitag war ich bei knapp drei Stunden. Schaffte die zweite Woche mit Hängen und Würgen, aber nun stand ich vor einer anderen großen Herausforderung: Musste Constanze beibringen, wie auch immer, dass ich am Wochenende nicht nach Berlin kommen würde, nicht konnte, nicht wollte. Zur Abwechslung hatte sie mir vorgeschlagen, die zwei Tage in Zehlendorf zu verbringen: »Meine Eltern sind an der Ostsee, zur Entspannung. Und ich möchte so gern in meinem Zimmer von dir genommen werden.«

Gut, sie wollte diesen Kick. Aber ich kannte die Wohnung, Constanze hatte mich vor Wochen ihren Eltern vorgestellt. Nicht unbedingt eine große Sache, das waren ja intelligente Menschen, hatte mit meinem sehr gut ausgebildeten Halbwissen bei Kaffee und Kuchen zu aller Zufriedenheit mithalten und ein paar Punkte machen können. Hatten sie erst Vorbehalte, einer aus der Werbung, Kind! Werber standen auf der Seriositätsskala knapp vor den Immobilienmaklern. Trotzdem goutierten sie mich am Ende. Ich war ein austrainiertes Chamäleon, konnte mich perfekt verstellen und anpassen, sozusagen ein Schauspielautodidakt. Und liebte es, dieses Talent einzusetzen. Nein, was mich wirklich abstieß, war das Haus. Oktober in Berlin, Beginn der Heizperiode, nur dort nicht, durch die Bude wehte ein kalter Hauch unbedingter Vergeistigung. Waren beide gut verdienende Ärzte, sie schienen ihr Geld aber ausschließlich in Reisen und Bücher zu investieren. Zum Beispiel in Hurtigruten-Kreuzfahrten. »Herr Bader, ein Genuss! Sollten Sie unbedingt auch einmal machen!« Deckenhoch wucherten die Bücherwände, ansonsten nur rudimentäre Zeugnisse menschlichen Lebens: spärliches Licht, kein Fernseher. Das Bad hätte in jedes Krankenhaus gepasst, die Küche hätte die Pantry einer Firma sein können, in der niemals etwas zubereitet wird, was über Kaffee hinausgeht. Wovon lebten die? Waren das noch Menschen? Verglichen damit, war es bei Maass/du Bois so gemütlich wie in Omas warmer Stube. Selbst Constanzes Zimmer war frei von den üblichen Insignien einer Mädchenhöhle, keine Poster, keine wütenden Protestbilder an den Wänden, es lagen noch nicht mal seidene Slips oder Stiefel mit nennenswerten Absätzen rum. Sie trug das Zeug, versteckte es aber gut vor ihren Eltern.

Erinnerte mich noch gut an eine freche Tochter aus gutem Hause in Hamburg, weiß nicht mehr, wie mir das Vögelchen zugeflogen war. Das süße Ding hatte mich pünktlich zu seinem achtzehnten Geburtstag angerufen und mich lüstern in die Villa nach Harvestehude eingeladen. Die Eltern auf Sylt, natürlich! Die Kleine wollte es wissen und ich auch. Kochte für uns Spaghetti an einem Herd, für den der Unwissende beziehungsweise Unvermögende eine Betriebsanleitung brauchte. Nach der Futterei ging's ohne große Umwege in ihr Zimmer, wo wir sofort zur Sache kamen. Sie in ihren Lederstiefeln, ich in ihr drin, über uns Pferdeposter. Das kleine läufige Pony! Gestern hatte sie noch die *Wendy* gelesen, das Zentralorgan aller Mädchen, die diese Vierbeiner spannender finden als Jungs, heute ließ sie sich von einem menschlichen Hengst besteigen, der doppelt so alt war wie sie. Unvergesslich. Und vergangen. In der reichen Mitte von Hamburg hatten mir gutgläubige Pferdeaugen beim unverschämten Sex zugesehen, im reichen Westen von Berlin würden mich die strafenden Augen von Schopenhauer und Nietzsche anstarren. Wollte das kalte Zehlendorf nicht, um keinen Preis. Musste unbedingt eine Ausrede finden, damit ich das Wochenende in Hamburg statt im Gefrierschrank verbringen konnte.

Moment, wo hatte ich eigentlich die Nummer von dem scharfen Fohlen? Vergiss es, du hast genug Ärger am Hals!

Was lag näher, als Constanze die Ausrede der Wochenend-arbeit zu präsentieren, die ja verdammt plausibel klang. Die beste Ausrede, das Beste, was die Werbung je hervorgebracht hatte. Mit einer guten Notlüge im Gepäck lassen sich viele Gespräche leichter angehen. Wer es gelernt hat zu verkaufen – und nichts anderes tut die Werbung ja –, der sollte auch das hinkriegen.

Murrte sie erst, akzeptierte dann doch. So hatte ich am Ende eines mühevollen Telefonats mein Wochenende für mich.

In der Nacht von Freitag auf Samstag sollte das Protokoll viereinhalb Stunden Schlaf vermelden. Für den Abend hatte ich mich mit Björn und seiner Freundin Freya beim Italiener in Eimsbüttel verabredet. Björn war sozusagen mein bester Freund, ebenfalls Texter und ein manischer Aufreißer. Selbst wenn er so eine bilderbuchhafte norddeutsche Blondine wie Freya an seiner Seite hatte, vögelte er nebenher wie besessen andere Weiber. Mir egal. Nur diese Freya, die hatte einen Narren an mir gefressen. Kaum saßen wir im Restaurant, bestaunte sie gleich meine neuen Stiefel, tatschte sie an, machte mir ein Kompliment nach dem nächsten. Ich war kein Heiliger, aber die Freundin eines Freundes, nein, wenigstens dieses Tabu wollte ich ungebrochen lassen. Erzählte ihnen von meinen Problemen, gaben sie mir Ratschläge, von wegen kürzertreten, mal 'nen neuen Art Director ausprobieren, vor dem Schlafengehen zur Beruhigung einen Tee trinken und so weiter. Gut gemeint, natürlich wirkungslos.

Was nachwirken sollte, war der Abschied von Freya: Küsschen links und rechts – seit Jahren auch in Hamburg sinnfreier Standard –, Björn noch mit dem Chef des Restaurants am Reden, da steckte mir diese Freya beim Abschiedsbussi ihre Zunge in den Mund. Was sollte das denn? War machtlos, so gern ich meine superschlaue Studentin gegen diese langbeinige Praktikantin eingetauscht hätte.

Blieb mir nichts anderes übrig, als im Hotel die Erinnerung an ihre Zunge wachzurufen und darauf zu masturbieren, holte mir sogar zweimal einen runter. Danach lag ich als loyaler Freund, ermattet von der Knutscherei mit einer illoyalen Blondine auf meinem Kingsize-Bett und schlief ein, ungewaschen. Gegen halb fünf wachte ich mit einer fulminanten Erektion wieder auf und nahm ihn noch mal zur Hand, um danach wieder in einen halbtiefen Schlaf zu fallen.

Um sieben entschied ich mich, zu duschen und mir endlich die Zähne zu putzen.

Diese Sau! Wusste die eigentlich, was sie da angerichtet hatte? Wahrscheinlich hatten sie uns doch in der Hand, uns ach so mächtige Männer, uns kleine hechelnde Hundewesen. Mehr waren wir doch nicht, narzisstische Schwanzträger, immer auf der Jagd, den Jagderfolg als höchste Auszeichnung stets im Fokus. Lächerlich. Aber irgendwas machten die Frauen falsch, ansonsten hätten sie längst die Weltherrschaft übernommen.

Der Sonntag begann mit einem ausgedehnten Aufenthalt am Frühstücksbüfett, beobachtete die anderen Gäste und fragte mich, mit welchen Problemen die sich so rumschlugen. Glücklich sahen sie alle nicht aus, auch die Pärchen nicht. Ich flirtete mit der Kleinen, die für die Eier und den Bacon zuständig war, also für die ungesunden Freuden eines amerikanischen Frühstücks. Aber so sehr ich mich anstrengte, sie kam nicht an Freya ran.

Ich ließ es sein und konzentrierte mich auf die Lektüre der *Süddeutschen*. Selbst das Feuilleton konnte mich nicht von der Erinnerung an die Freya'sche Züngelei befreien, der Moment drängte sich in meinem Kopfkino immer wieder auf die Leinwand und füllte sie aus. War todmüde und hatte eine ständige Erektion. Diese Sau!

Ging in die Kunsthalle, um zu vergessen – die Schlaflosigkeit ebenso wie Freya. Kunst soll doch helfen, tat sie auch, bis ich wieder draußen war. Constanze war für mich so weit entfernt wie der Mond von der Erde, aber Freya so nah wie diese verdammte Erektion.

Wieder Sonntag, wieder ein Abend vorm Fernseher, wieder die Hoffnung auf einen unterhaltsamen Krimi. Kam diesmal aus Hamburg: Manfred Krug und Charles Brauer. Na, wenigstens Typen, besonders der Krug, der war so, wie man auch gern sein wollte: kaltschnäuzig, unabhängig, ein cooler Hund. Nichts von alldem traf in diesem Moment auf mich zu. War ein leidender Erfolgsmensch, abhängig von seinen Auftraggebern, total uncool in seinem gesundheitlichen Dilemma. Die im Fernsehen waren Fiktion, ich war Wirklichkeit. Hätte es gern umgekehrt.

Tat mir nach dem Krimi noch eine dröge Politdiskussion bei der Christiansen an, während ich wieder zum Rotwein langte und mich auf eine ungewisse Nacht vorbereitete. Bei der Tante saßen zum Glück nicht mehr Kohl und Konsorten, sondern Joschka Fischer und Marionetten aus der Wirtschaft, die der Außenminister mit lässiger Arroganz auf Distanz hielt. Es mochte sich nicht allzu viel im Staate Deutschland verändert haben, aber die neuen Vertreter des Systems waren zumindest nicht annähernd so widerlich wie ihre Vorgänger. Die hatten schon mal einen Joint im Mund gehabt, eine Sau wie Freya gevögelt und gehörten Parteien an, die keine gehässigen Lügen in die Welt schleuderten. War damit zufrieden, schaltete die Glotze aus, nahm mir den Rest der Rotweinflasche vor und hoffte nur noch auf Schlaf, Schlaf, Schlaf.

Vergebens. Diesmal kam gar nichts, kein Ansatz von Schlaf, noch nicht mal Müdigkeit, die vielleicht so was wie Schlaf hätte einläuten können.

Noch mal masturbieren, noch ein Glas Rotwein, noch ein Versuch, bis tausend zu zählen. Alles aussichtslos. Statt Schlaf kam die Verzweiflung und die wurde immer größer, je mehr Stunden verrannen. Wusste nicht mehr weiter, heulte und schrie, betete sogar. Ich! Der sich nur hatte konfirmieren lassen, um die Kohle für die erste Stereoanlage zusammenzukriegen. Was ich nicht vor meinen Mitkonfirmanden verheimlichte und mir die Verachtung derselben einbrachte. Trieb die Brut dazu an, mich überall schlechtzumachen, in der Schule, im Jugendtreff. Wahrscheinlich gingen sie später alle zur Jungen Union. Wollte damals nur endlich The Who, Bowie und Roxy Music in ordentlicher Qualität hören. Jesus war mir egal, der hatte keine so guten Songs auf Lager. Und bei der Konfirmation trug ich sechs Zentimeter hohe Plateaus, weil das wie Bowie war und mich ziemlich anmachte. Jesus nicht, seine gehässigen Neujünger nicht, aber mich.

Nun betete ich, zu wem auch immer. Wollte nur schlafen und erhoffte mir von den tränenreichen Gebeten die Erfüllung meines Wunsches. Blieb aus. Selbst als reuigster Sünder in allergrößter Not hilft dir der große, gütige und allgegenwärtige Gottvater nicht von hier bis da.

Nahezu ohne eine Minute Schlaf kroch ich in die Agentur und brach die Scheiße gegen Mittag ab. Jean guckte erst kariert, baute mir dann aber eine schöne Brücke mit seiner Bemerkung, dass diesen Montag eh nicht viel anliegen würde. Steuerte die Katze Richtung Innenstadt und hielt bei der Alsterhaus-Apotheke, die ich kannte, in der sie mich kannten. Orderte Schlaftabletten und machte auf die Bedienung einen derartig verzweifelten Eindruck, dass sie mir sofort die stärksten frei verkäuflichen auf den Tisch legte. Na, immerhin wirkte ich auf sie nicht wie ein potenzieller Selbstmörder, dem man solche todbringenden Pillen lieber nicht verkauft. Mir schon, mir noch.

Wieder draußen, überlegte ich kurz, ob ich Freya anrufen sollte, damit sie mich so lange leckte und mir einen blies, bis ich einschlief. Nun, es war zwei Uhr am frühen Nachmittag, da konnte ich kaum auf die Erfüllung meiner expliziten Wünsche hoffen. Vielleicht zu einer Prostituierten, ich meine, Hamburg hatte diesbezüglich ja einiges zu bieten. Aber um diese Uhrzeit? Kannste den Straßenstrich im Industriegebiet Süderstraße vergessen, den auf Sankt Pauli auch. Blieben die Mädchen am Steindamm, waren aber fast alle auf Heroin und konnten dich mit den fiesesten Krankheiten anstecken. Gut, hol ich mir die *Hamburger Morgenpost*, voll mit einschlägigen Anzeigen. Moment, suchste was aus, fährste hin, macht dir eine hässliche Grotte die Tür auf, stehste da, unter Druck, machste nur Dummheiten. Alles unerquicklich.

Alternative: Alkohol. Kaufte mir im Alsterhaus eine Flasche Gin, Bombay Sapphire, und Tonic Water, wollte mich auf dem schnellsten Weg in den Schlaf saufen. Nachmittags um vier! Saß der erfolgreiche Kreative also wenig später in seinem Hotelzimmer und spülte etwa fünf Schlaftabletten mit Gin Tonic runter.

Half bis um acht Uhr, wachte ich auf, musste kotzen. Fühlte keinen Körper mehr, nur noch eine schlaffe Hülle, sah keinen

Weg, schon gar keinen Ausweg und heulte wie ein kleiner Junge, dem sein großer Bruder gerade sein Lieblingsspielzeug geklaut hat, um es zu zerstören.

Kleiner geprügelter Henk war am späten Abend wieder einigermaßen klar, bis auf die jaulenden Sägen in seinen Ohren. Kramte er in der Spielzeugkiste seiner Erinnerungen und holte was raus: den Chefarzt der HNO-Abteilung in der Hafenklinik, der ihm vor fast zehn Jahren massive Polypen entfernt hatte. Der war eine Kapazität, auch zuständig für Steffi Graf und Helmut Schmidt. Da dachte sich der Henk als Privatpatient, der könnte vielleicht die schrillen Töne in seinen Ohren zum Verstummen bringen. Wenn nicht der, wer dann?

Fuhr am nächsten Morgen hin, ohne Termin, parkte direkt hinter seinem weißen Chefarzt-Porsche und stürmte ins Vorzimmer. Da thronte eine sattelfeste Dame, an der normalerweise vieles abprallte. Wusste nicht, ob sie mich wiedererkannte, aber meine Not schien Eindruck auf sie zu machen, keine halbe Stunde später konfrontierte mich Professor Doktor Kröger mit der bitteren Wahrheit: »Sie haben einen Hörsturz, einen heftigen. Am besten bleiben Sie gleich hier.«

Hörsturz? Hierbleiben? War augenblicklich schockgefroren, binnen Sekunden wurde mein Gesicht von hässlichen Krähenfüßen und tiefen Sorgenfalten zerfurcht, der aufrechte Gang zum buckligen Altmännergekrieche, am Ende lauerte womöglich der Rollstuhl. Ich, Jaguar-Henk, der Startexter, hatte jetzt einen Hörsturz! Soll doch so was wie ein Herzinfarkt sein – nur im Kopf. Kommt als Nächstes gleich der Schlaganfall!

Da haste sie, die Quittung für … ja, wofür eigentlich? In meinem Hirn überschlugen sich die Gedanken, mit Höchstgeschwindigkeit rasten sie durch meine Neuronen, knallten an die Wände, wurden zurückgeworfen und spielten ihr Gedankensquash auf Neue. Presste beide Hände an meine

Schläfen. Los, du bösartiges Albtraumgeschwür, lass mich endlich frei!

»Herr Bader, hallo, hören Sie mich?« Durch die Nebelwand meiner Ängste nahm ich eine Stimme wahr, dir mir schreckliche Dinge mitteilte: »Sie gehören sofort auf die Station.« Es war die Stimme des Professors und er meinte es ernst.

»Jaja, hab verstanden. Müsste noch ein paar Dinge erledigen und komme morgen früh zu Ihnen.«

Er akzeptierte.

Ich war eine Marionette, stieg in die Katze und fuhr los, einfach los, ziellos durch die Stadt, die nicht mehr meine sein sollte. Hamburg war ja für mich – im Gegensatz zu Berlin – nur noch eine alte, reiche Tante. An dieser ollen hängenden Brust wollten sie mich wieder aufpäppeln – ein Witz, ein schlechter! Und ich war die traurige Figur in diesem schlechten Witz, der sich als glasklare Wahrheit herausstellen sollte.

Stunden später rollte ich in die Tiefgarage des Madison, Fahrstuhl, traniges Taumeln ins Zimmer, versuchte, meine Gedanken zu ordnen. Brauchte jetzt jemanden, der mir helfen konnte, dieses beunruhigende Chaos in meinem Kopf in einigermaßen klare Handlungen zu verwandeln. Constanze war keine Option. Nein, es lief alles auf Sophia hinaus, meine Sophia!

Sophia war die Frau, mit der ich es zum ersten Mal länger als drei Monate ausgehalten hatte, über zehn Jahre war das her. Waren zusammen aus der Provinz nach Hamburg gegangen, nach vier Jahren war Schluss gewesen. Hatten uns in den Jahren danach nie vollständig aus den Augen verloren. Sie machte inzwischen eine Stange Geld mit ihrem Secondhandladen für edle Designer-Teile, eine wirklich stilsichere Frau. Hatte eine riesige Eigentumswohnung für sich und ihren Piet gekauft, der wenig später in den Weiten der polygamen Prärie verschwunden war. So hatte sie nun reichlich Platz in ihrem geschmackvollen Reich. War immer willkommen, immer war ein Plätzchen, ein Bettchen für mich frei.

Nun brauchte ich Sophia und rief sie an. Zehn Minuten später war sie zur Stelle. Ich spielte mit dem Joker, dass eine wahrhaftige, tief empfundene Freundschaft so ziemlich alles aushält. Und gewann den Stich. Stellte sie keine dummen Fragen (Warum hast du dich nicht früher gemeldet?), nahm sofort alles in die Hand und funktionierte wie eine Oberschwester. Zack, zack, zack, war aller Krempel erledigt: Zimmer gekündigt, Sachen gepackt, Abreise Richtung Klinik für den nächsten Morgen vorbereitet. Schenkte sie mir noch einen Teddybären mit Schild um den Hals: »Gute Besserung.« Ich hasste diese Kitschscheiße, aber an diesem Abend rührte mich das plüschige Ding zu Tränen. Schmiss mich in Sophias Arme und heulte meine letzten Tränenressourcen leer. War mir völlig egal, was die Sturzbäche bei meiner Sophia auslösten. Ihr offensichtlich auch, hielt mich einfach fest, stemmte sie sich kraftvoll gegen meine Auflösung. Machte sie mit den Hotelleuten sogar klar, dass ich den hauseigenen Bademantel mitnehmen durfte. Wollte die Nacht über alleine sein, das nahm sie stumm hin.

Mit der Aussicht auf umfassende Betreuung, auf ein Bett mit Klingel für jederzeitige Hilfe, schlief ich sechs Stunden durch. Sechs Stunden! Rekordverdächtig! Lorbeerkranz, Goldmedaille! So träumte ich mich noch in der letzten Nacht zum Sieger, zum Spieler, der alle Fäden in der Hand hält.

Tags darauf musste ich die weiße Flagge hissen, sie Jean und First One präsentieren als Zeichen meiner Niederlage, meiner Kapitulation, der totalen Kapitulation. Konnte das nicht auch noch Sophia erledigen?

War bereit, mein Leben in die Hand von Krankenschwestern zu geben, meine Schwestern, meine Krankheit. Krankheit? Tat mich schwer, meine Befindlichkeiten als Krankheit zu akzeptieren. Noch. Schon bald würde mir keine andere Wahl bleiben. Musste geradestehen, die furchtbaren Sachen aushalten, hatte doch Eier, war doch Texter, dachte sich das kranke Texterchen.

Schließlich rief ich meinen Franzosen an. »Jean, ich kann den Job nicht weitermachen. Hatte einen Hörsturz und muss gleich in die Klinik.«

Er schluckte, schien aber wenig bestürzt: »Das ist ja eine Scheiße. Wie lange dauert das denn? Zwei Tage kann ich's hier ohne dich wuppen, dann biste doch wieder fit, oder?«

Oder, oder? Gab er mir mit seiner mikroskopischen Anteilnahme einen wunderbaren Aufhänger für eine Antwort, die all seine Hoffnungen zerstören sollte: »Mit zwei Tagen ist es nicht getan, werde mindestens eine Woche am Tropf hängen.«

Der Knall war zwei Wochen her, konnte froh sein, wenn überhaupt noch was zu richten war. Sehnte mich derartig nach Ruhe, hätte selbst vier Wochen Auszeit zugestimmt.

Dauerte paar Sekunden, er musste sich sammeln, ehe er sich fassungslos ergab: »Äh, ich sag denen gleich, was Sache ist, und melde mich dann wieder.«

Schön, kannste tun. Sogleich stellte ich mein Handy stumm und ließ die Mailbox laufen.

Als Privatpatient hat man ja so seine Privilegien und ich machte schamlos Gebrauch davon. Konnte den Professor sogar überzeugen, meine Katze nicht der Wildnis des öffentlichen Parkplatzes zu überlassen. »Ein Jaguar! So ein schönes Auto, hatte ich auch mal. Stellen Sie ihn neben meinen Porsche, einer meiner Ärzte ist für zwei Wochen im Urlaub.« Ein Lügner, der solche Privilegien nicht liebt!

Das Zimmer war weniger erfreulich, die Klinik hatte dringend eine Sanierung nötig. Fand mich in einem kargen Raum wieder, das schlichte Krankenhausbett zeigte deutliche Patina. Wie viele arme Seelen waren darin schon krepiert? Die Bettwäsche schaute ich mir lieber nicht genau an, womöglich lauerten da Blutreste oder Flecken von Totenwasser. Am Fenster standen ein jämmerliches Tischchen mit Nussbaumfurnier und zwei abgewetzte Stühle. Der Kleiderschrank war ein fleckiges, speckiges Trauerspiel, in dem ich natürlich vergebens nach wohlriechenden Zedernholzbügeln suchte. Hier warteten klapprige Plastik- und Drahtbügel auf meinen Boss-Mantel und all die anderen Markenklamotten, für die ich teures Geld geblecht hatte. Gleich der erste schmale Plastikbügel zerbrach unter der Last meines Mantels. Voller Wut schmetterte ich die Reste an die mit schmutzigen Streifen übersäte Wand, pulverisierte ihn endgültig in kleine Stücke. Selbst der Ausblick war deprimierend: Ich schaute auf ein winterliches Gestrüpp, an das seit Ewigkeiten kein Gärtner mehr Hand angelegt hatte. Sollte ich die Woche also in einer Gefängniszelle verbringen. Dabei hatte ich niemandem was angetan, außer mir selbst.

Kurz nach meinem Check-in rammte mir eine ältliche Schwester stoisch eine Kanüle in den Unterarm und verband mich so mit einer Literflasche irgendeiner Lösung, die mir auch nicht mehr taufrisch vorkam, dazu gab's Bomben von Tabletten zur Blutverdünnung. Hey, ich bin Privatpatient! Creative Director! Wo waren die jungen hübschen Schwestern, die mir zustanden und schmutzige Fantasien bedienen konnten? Wollte sie jetzt und sofort!

Sie kamen am nächsten Morgen. Halb sieben Wecken, um sieben Frühstück, in der Zwischenzeit hatte man sich zu duschen. Klar, gab es keine Dusche im Zimmer, nur auf dem

Flur. Gefängnis, allerdings ohne üble Burschen, die scharf auf deinen Arsch waren. Um zu duschen, musste ich die Infusion loswerden. Eierte mit dem scheppernden Gestell im Schlepptau ins Schwesternzimmer und bat um Hilfe. Gut, lösten sie mich vom Gestell. Und nun? Offene Kanüle, ich meine, sollte ich damit unter die Dusche?

»Was wollen Sie? Dass wir Sie unter die Dusche begleiten?« Die beiden Gouvernanten bellten mich an wie einen notgeilen Triebtäter.

Kam in Fahrt: »Ich möchte bitte sehr nur duschen, alleine, und halte es für keine gute Idee, dies mit einer offenen Kanüle zu tun. Und wenn Sie mir nicht gleich eine Lösung anbieten, muss ich mich leider an den Professor persönlich wenden.«

In ihre giftigen Blicke mischte sich Verstörung. Schließlich bewegte eine von beiden ihren Nilpferdhintern und verband mir den halben Arm mit einem blauen Müllsackstreifen. »Jetzt sind Sie ganz dicht.«

Na, sollte sich noch herausstellen, ob ich wirklich ganz dicht war.

War voller Hoffnung, hier wieder zu Kräften zu kommen, mich zu erholen, zu mir zu finden – wer ich auch sein mochte. Nach dem ersten Tag hatte ich aber so meine Zweifel, dass dies gelingen würde.

Um halb neun an Tag zwei fand ich mich zur ersten Untersuchung ein. Oh, da waren sie endlich, die hübschen Schwestern, blond wie der Sommerweizen! Schlossen mich an seltsame Apparaturen an, die mein Hörvermögen testen sollten. Versuchte, die Blondgirls mit einem kleinen Scherz auf meine Seite zu ziehen. Der Witz prallte an ihnen ab wie ein Schuss an einer Bunkerwand. Was war hier los? Erinnerte mich an die Warnung eines weisen Mannes: Nie was mit Krankenschwestern, nie was mit Hundeliebhaberinnen anfangen! Erstere wollen dich bemuttern, können es aber nicht mehr, weil sie schon viel zu viele Patienten versorgen müssen. Zu Hause sind sie erbarmungslos wie Gefängniswärterinnen. Zweite Spezies ist dauergeschädigt, weil sie dressierte Tiere bevorzugt, die nicht widersprechen können, und Männer als böse Wesen ausgemacht hat, die immer widersprechen und immer mehr wollen, als die Wauwaumädels jemals bereit sind zu geben. Nicht selten missbrauchte Mädchen, so oder so.

Nein, hatte keinen Wellness-Urlaub erwartet, aber ein wenig Zuwendung, sanfte Seelenmassage, private Bevorzugung. Ansonsten hätte ich ja gleich Jean und die Geschäftsführer von First One als Betreuer engagieren können.

Ich war zu schwach und bedürftig, um mich gegen das Unvermeidliche aufzulehnen. Stand vier Tage an Tropf und auf Trage durch, am Morgen des fünften überraschte mich Professor Kröger mit einer Ankündigung: »Heut Nachmittag um vier haben Sie einen Termin beim Psychotherapeuten.«

So ein Blödsinn, hatte nur einen Hörsturz, was wollte der von mir? Drehte mich wortlos um und wollte mich davonmachen, spürte ich eine Hand auf meiner Schulter, die mich eindringlich festhielt.

Da war er wieder, der Professor, und wurde noch deutlicher: »Herr Bader, das mag jetzt kein einfacher Schritt für Sie sein. Aber Sie sollten akzeptieren, dass Sie krank sind, ernsthaft krank.«

Krank, ernsthaft krank, reif für den Seelenklempner!

Was hatten wir harte Kruppstahl-Werber nicht für Scherze gemacht, wenn wir davon hörten, dass der oder die in Therapie war. Ha! Alles Schwächlinge, können keinen Druck aushalten, die kommen doch nie zurück!

Nun war ich einer von ihnen, konnte keinem Druck mehr standhalten, war schwach, elend. So elend, dass ich in der nächsten Sekunde mein Schicksal akzeptierte, die Abwehrstellung aufgab. Nickte nur und sehnte mich augenblicklich nach jemandem, mit dem ich sprechen konnte, über dies und alles, über mich und das Ungeheuer von Angst, das in mir hochkroch.

ZWEITES KAPITEL

Frauen in Stiefeln

Praxis
draußen Liege
irritiert Nervenarzt
zucken
Todeskandidat
Neurologie
umkehren wirklich
gab alter
elektrischen
Stuhl sofort
Michael
Psychiatrie Schule
sah
anfreunden
Elektroschocks
Schild
Bezeichnung vermutet
Facharzt Landauer
Psychotherapeuten
legendäre

Michael Landauer sprach leise, sehr leise, als wäre noch jemand mit im Raum, der nicht gestört werden dürfe. Schaute mich um, die beiden Lehnsessel im skandinavischen Design waren leer, hinter dem unaufgeräumten, mit großen Papierhaufen bedeckten Schreibtisch saß niemand. Auch auf der Liege kein Mensch, nur eine Nackenrolle mit rostbraunem Stoffbezug hatte es sich auf dem sattelbraunen Leder gemütlich gemacht. Es gab sie also wirklich, die legendäre Liege, die jeder in der Praxis eines Psychotherapeuten vermutet.

War noch von dem Schild draußen irritiert: »Michael Landauer, Facharzt für Neurologie und Psychiatrie«. Neurologie? Ein Nervenarzt alter Schule? Wollte sofort umkehren, sah mich unter Elektroschocks zucken wie ein Todeskandidat auf dem elektrischen Stuhl. Und Psychiatrie? Auch keine Bezeichnung, mit der ich mich anfreunden wollte.

Was hatte ich erwartet? Ganz einfach: einen freundlichen, verständnisvollen Psychotherapeuten, der mich in ein paar Sitzungen wieder hinbiegen würde. Na gut, wo ich schon mal da war, klopfte ich an die furnierte Tür und blickte wenig später in das Gesicht eines Michel-Piccoli-Doubles. Groß, hager, schütteres, grau meliertes Haar – eine vertrauenswürdige Erscheinung.

»Setzen Sie sich«, flüsterte er und bot mir einen der Skandinavier an.

Vielleicht hatte sich der Hörsturz ja auf mein Hörvermögen ausgewirkt und ich würde bald eines von diesen fleischfarbenen Dingern im Ohr tragen, die dezent sein wollen, aber nichts anderes sind als ein leuchtender Makel.

»Nun, Herr Bader, was führt Sie zu mir?«

Das wusste der doch! »Mein Hörsturz, denk ich mir.«

Unbeeindruckt von meiner Antwort rührte sich Landauer erst gar nicht, er gab nur einen leisen Brummton von sich:

»Hm hmmm.« Endlos brummte dieses »Hmmm« aus ihm hervor, rein in die Stille des dunklen Raums, der lediglich von einer Stehlampe in seinem Rücken dürftig beleuchtet wurde. »Hmmm« summte er in monotoner Tonlage immer weiter, keine Melodie, keine Frage, nur »Hmmm«. Konnte einen verrückt machen.

Ich hielt das nicht aus, fühlte mich genötigt, dem ein Ende zu setzen: »Nun ja, ich glaub, ich hab da in den letzten Jahren übertrieben. Fühl mich irgendwie leer, ausgepumpt, ausgeleiert, wie Sie wollen.«

Sah in sein Gesicht, er gab immer noch keine Signale von sich. Michel Piccoli spielte seine ganze Klasse aus, den Kopf halb gesenkt, trafen mich seine Blicke wie Pfeile, die mit dem Gift der Wahrheit getränkt waren. Bevor sich meine leichte Gereiztheit zu einer schweren Ausfälligkeit auswachsen konnte, wusste ich's: Der spielt. Das war Taktik, alles Psychologie. Der Mann wusste, was er tat. Natürlich! Ich kannte das von unzähligen Präsentationen bei schwierigen Kunden: Die lassen dich so lange zappeln, bis du nicht mehr anders kannst, als dich noch mal zu erklären, bis du deine letzten Argumente rausquetschst, bis sie dich haben, ansetzen können, um zu einem übergroßen Aber auszuholen. Genau das machte der schlaue Psycho-Doc jetzt mit mir, dem Werberfuchs Henk Bader. Freute mich, seine List durchschaut zu haben, und wusste im nächsten Moment dennoch, dass er recht und ich keine andere Wahl hatte: Musste die Hosen runterlassen, blankziehen, denn ich saß tiefer in der Scheiße, als ich's wahrhaben wollte. Der Mann warf sein Messer und traf mitten ins Schwarze.

Eine Viertelstunde der Dreiviertelstunde war rum und ich musste mich von der naiven Vorstellung verabschieden, dass ich nach dieser Sitzung so was wie geheilt sein würde. Nein, ich stand vor einem Berg und mir wurde klar: Da musst du rüber. Und der Berg war nicht so ein Hügelchen wie der Kreuzberg, ich schaute auf die Eiger-Nordwand: steil, unbarmherzig, eine elendige Plackerei.

Den Rest der Sitzung verbrachten wir mit Formalien, wollte er alles wissen, vom ersten Atemzug bis zum letzten Geschlechtsverkehr, den ganzen Rotz meiner Familiengeschichte. Warum?

»Ihre Anamnese kann wichtige Erkenntnisse liefern, warum Sie jetzt vor mir sitzen.«

Aha, meine Kindheit war nicht gerade reich an Zuwendung, Liebe oder Anerkennung gewesen, also an dem Zeug, von dem Erfolg gepuderte Zeitgenossen gern berichteten. Tausend Dank an Mutti und Vati für die schönen Zeiten damals – brechreizwürdig! War bei mir nicht so, konnte Landauer also gleich ein Häkchen machen. Drei ältere Geschwister, der kränkliche Nachzügler immer unter Druck, von den Eltern nie so geliebt wie die Wunschkinder. Bis zum Teenager-Alter kein eigenes Zimmer, zum Start der Pubertät sofort von massiver Akne befallen, in der Schule nicht gerade ein Mädchenschwarm. Bader hatte eine unglückliche Kindheit, da musste es ja so kommen!

Bevor er das Häkchen vollendete, haute ich ihm eine rein ins Lager seiner studierten Klischees: »Wissen Sie, ich habe mich früh von meinem Elternhaus gelöst, wollte selbständig sein, mein Leben so leben, wie ich es für richtig hielt. Bin früh ausgezogen, hab früh Karriere gemacht, alles selbst erreicht, ich brauchte keinen goldenen Löffel, keine nette Biografie.«

Jetzt aber, jetzt musste er reagieren, ich scannte sein Gesicht, seinen Körper in allen Einzelheiten, die kleinste Regung einer Enttäuschung sollte mir nicht entgehen.

Doch es kam wieder nichts, er kritzelte was auf seinen Block, begleitet vom sonoren Summen seines »Hmmm hmmm«.

Mein Schädel platzte fast, das war schlimmer als jeder Tinnitus.

Endlich ein Räuspern, eine Aussage: »Wir sehen uns dann übermorgen wieder. Wenn Sie wollen.«

Was sollte das jetzt? Natürlich wollte ich nicht! Aber ich würde wohl müssen, wenn ich den Rat meiner inneren Stimme befolgen wollte – auf die soll man ja hören. Konnte zudem auf niemand anderen als mich selbst zählen.

Auf Constanze? Wohl kaum. Hatte sie am zweiten Tag meiner unfreiwilligen Auszeit in der Klinik angerufen. Ihr Mitgefühl hatte die Größe einer Erbse, plötzlich war sie gar nicht mehr so scharf darauf, mich in Hamburg zu besuchen. Hörte den Chor der Besserwisser rufen: »Die ist doch viel zu jung! Da war nicht mehr zu erwarten.« Konnte das Lied nicht mehr ertragen. Der Anteil der Warmherzigen unter den Milliarden von Menschen mag im Promillebereich liegen, hat aber so gar nichts mit dem Alter zu tun.

Constanze folgte jedenfalls nicht ihrem Herzen, sie folgte ihrer überdurchschnittlichen Intelligenz, ihrer dauerfeuchten Muschi und ihrer manischen Bestätigungssucht. Mir war nicht entgangen, wie sie ständig andere Männer fixierte, ob im Café, auf der Straße oder im Auto. War mir irgendwann aufgefallen und ab dem Moment hatte ich ein Auge auf sie und ihre Augen geworfen, sie von der Seite angeschielt und war fassungslos, wie oft das Superhirn sich einen Bestätigungsblick von anderen Schwanzträgern holte. Ich bin attraktiv! Ich werde begehrt! Natürlich kannte ich das Spiel, Männer sind Meister darin, ihren Wert auf dem Jahrmarkt der lächerlichen Eitelkeiten zu testen. Biste allein unterwegs, ist die Wahrscheinlichkeit, einen dieser Der-ist-gar-nicht-so-übel-Blicke zu ergattern, ungefähr so groß wie die Chance, als Texter einen Art Director zu finden, der die deutsche Rechtschreibung beherrscht. Keine Frau an deiner Hand? Na, dann bereite dich schon mal auf einen Status als Staubmilbe vor, dann guckt dich keines der scharfen Dinger an. Kaum mit einer Frau an deiner Seite unterwegs, lechzen sie dir hinterher wie läufige Hündchen. Ungeschriebenes Gesetz des menschlichen Miteinanders und mir bekannt. Unbekannt war mir, dass eine Frau – meine Constanze – sich hemmungslos männliche Gewohnheiten aneignete, um ihr Ego zu polieren. Mich als Richter aufzuspielen erschien mir jedoch zu billig. Mir war längst klar: Ich war nicht wirklich verliebt in Constanze. Im Bett machte es Spaß, ihre geschliffene Art, sich auszudrücken, begeisterte mich ebenso wie ihr trockener Berliner Humor. Aber verliebt? Dann hatte ich ob ihres Verhaltens bereits die Wände hochgehen müssen! Nein, sie war kein Grund, den Verstand zu verlieren.

Hing also noch ein paar Tage am Tropf und nahm den zweiten Termin bei Landauer wahr. Die Woche in der Klinik war fast um, ich wollte wieder raus, unser zweites Gespräch würde gleichzeitig das letzte sein. Nun war er dran, ich war wild entschlossen, ihn diesmal nicht so einfach davonkommen zu lassen. In unserer Dreiviertelstunde erwartete ich konkrete Vorschläge, wie meine Krise ganz fix im Klo der kleinen Unfälle weggespült werden könnte. Die Aufträge! Das Geld! Der Jaguar! Der Druck wurde nicht weniger, da war Handlungsbedarf angesagt. Als Henk Bader ging ich seit vielen Jahren unerschrocken durchs Leben, hatte Alpen von Widerständen glatt gebügelt, da sollte dieser Berg doch ebenfalls zu schaffen sein.

Als ich im Flur auf mein Gespräch wartete, spürte ich, wie die Kraft zurückkehrte, Jean, Maass/du Bois, Schokoriegel und Magenbitter, ja selbst einer Kampagne für Babywindeln fühlte ich mich wieder gewachsen. Los jetzt!

Kaum hatte ich im Ikea-Freischwinger Platz genommen und in das bretonische Blaugrau von Michels Augen geblickt, schrumpfte ich wieder zu einer Miniatur, zu einer angsterfüllten Amöbe zusammen. Seine Augen hatten so was Durchdringendes, Fragendes, Wahrhaftiges und sein Mund hatte nur wieder ein »Hmmm, hmmm« für mich übrig. Schweigen, Schweigen, forderndes Schweigen. Und dann: »Sie haben Angst.«

Nein, ich meine ja, nein, könnte sofort Filme für Pampers schreiben, oder doch nicht? Nein, keine Filme für Windeln, nicht heute, nie wieder! Auch kein Auto, kein Jean, keine Agentur.

»Ich sehne mich so sehr nach Ruhe«, sagte ich.

Meine Kraft? Eben noch da gewesen oder nur eingebildet? Hier und jetzt war ich nur noch die Karikatur einer kraftvollen Führungskraft. Kleiner verwundeter Köter, der in der freien Wildbahn mal eben sofort weggebissen worden wär.

»Sie sehen sich doch als Mann der Tat. Warum diese Sehnsucht nach Ruhe?«

Warum, warum?! Warum stellte mir der Landauer immer Fragen? Sollte mir doch Antworten liefern, Lösungen, schnelle und wirksame. Wurde mir zu doof, ging zum Angriff über: »Wissen Sie, Herr Landauer, ich bin doch nicht hier, um Ihnen andauernd Fragen zu beantworten. Ich verlange Antworten.« So, jetzt musste er kommen, lehnte mich zurück, verschränkte die Arme.

Wieder starrte er mich wortlos an, geradezu vorwurfsvoll. Ah, hatte ich ihn getroffen, ihn in seiner Neurologenehre gekränkt, gut so! Sollte er nur kommen!

»Wie schlafen Sie hier in der Klinik?«

Was sollte das jetzt? Riss mich für eine ehrliche Antwort zusammen: »Besser als zuletzt. Werde aber oft wach.« Die volle Wahrheit, brauchte kein Schäfchenzählen mehr, kein

Runterholen, Durchschlafen war trotzdem nicht drin. Regelmäßig schreckte ich gegen fünf hoch, ängstlich den Weckruf um halb sieben erwartend. »Halb sieben ist einfach nicht meine Zeit. Liege schon lange vorher wach, könnte jeden Morgen die Schwester erschlagen.«

»Hmmm, hmmm.« Er machte mich fertig mit seinem wissenden, schweigsamen Brummen. »Angst. Ich sehe da Angst in Ihnen. Die nackte Angst vor dem Weckruf.«

Nun lehnte sich Landauer zurück, senkte den Kopf und ließ mich allein mit seiner Feststellung, mit der er zum wiederholten Male ins Schwarze getroffen hatte.

Ja, ja, ja! Lasst mich bitte alle in Ruhe, ruft mich nicht in aller Herrgottsfrühe zum Aufstehen, ruft mich nicht für einen neuen Job, ruft mich nicht einmal für einen Fick! Ruhe, Ruhe, Ruhe, nichts anderes wünschte ich mir. Seit dem Hörsturz reagierte ich allergisch auf laute Geräusche, schrille Stimmen, das Bellen und Blöken der Menschen um mich herum.

»Herr Bader, dies ist meines Wissens unsere letzte Stunde hier in der Klinik. Aber ich rate Ihnen dringend, weitere therapeutische Hilfe in Anspruch zu nehmen. Ich sehe Sie als einen durchaus aktiven Menschen, aber Sie tragen deutliche Rückzugsgedanken mit sich herum. Ganz ehrlich: Auf mich wirken Sie ausgebrannt, heutzutage nennt man das einen Burn-out.«

Da war es, das Un- und Modewort des neuen Jahrtausends: *Burn-out*! Als florierendes Ein-Mann-Unternehmen war ich selbstverständlich Abonnent von *Brand Eins*, dem einzigen Wirtschaftsmagazin, das man auch als Anhänger der Sozialdemokraten lesen konnte, ohne Hassgefühle zu entwickeln. Die Macher waren schlaue Menschen, die schnell gemerkt hatten, dass es im rot-grün renovierten Deutschland eine Menge Leute gab, die reichlich Geld machten, sich aber sträubten, die altehrwürdigen Managermagazine in die Hand zu nehmen. Durch diese ollen Blätter wehte nämlich der Wind fleischgesichtiger Wirtschaftsbosse. Nein, als *Brand Eins*-Leser sah man sich als Teil einer coolen, hedonistischen Generation, die lieber Schröder und Fischer an der Spitze des Staates sehen wollte als Kohl und irgendwelche FDP-Fratzen. Auf den Titel einer der letzten Ausgaben hatten sie nur stilles Wasser und die Headline »alle zeit der welt« gesetzt. Schon da sehnte ich mich nach dieser Welt des stillen Wassers, sah ich mich am Ufer sitzen und die ganze Zeit auf diesen blauen Teppich starren, der beruhigender war als zehn Valium. In einer der nächsten Ausgaben stellten sie einen Freiberufler vor, der vor lauter Arbeit und Druck zusammengekracht war. Kein Infarkt, kein Schlaganfall, die Ärzte standen vor einem Rätsel. Der Mann konnte sich noch nicht mal mehr auf den Beinen halten, schob ihn seine Frau im Rollstuhl direkt aus dem Praxisflur eines ratlosen Allgemeinmediziners in eine psychosomatische Klinik, wo er dem Chefarzt gleich mal klarmachte: »Ich bin selbstständig und muss in zwei Wochen wieder einsatzfähig sein.« Na, wenn ein Außendienstfuzzi in zwei Wochen zu stabilisieren war, dann würde ich das als Creative Director der ersten Liga doch wohl noch schneller schaffen. War ja nun wirklich kein Wrack im Rollstuhl, lagen Welten zwischen ihm und mir.

Landauer hörte sich ungerührt mein Plädoyer an, ehe er mit seinem messerscharfen Verstand noch mal in dieselbe Wunde schnitt: »Herr Bader, Sie sind weit davon entfernt, stabil zu sein. Sie sind labil, können jederzeit wieder umkippen und dann wird es noch schlimmer. In Ihrer Situation würde ich Ihnen zu einer entsprechenden Medikation raten.«

Medikation? Pillen? Glücklichmacher, von denen man nie wieder runterkommt? Wurde ja immer schöner! Ich kehrte seine Ratschläge als lästigen Staub und überflüssigen Psychomüll unter den Teppich der Verdrängung.

»Ich denke drüber nach. Danke, Herr Landauer.«

Der Werber Bader schüttelte Neurologen-Piccoli die Hand und war erleichtert, der Inquisition entkommen zu sein. Nur noch zwei Tage, dann sollte ich wieder frei sein, frei, herrlich! Und dann ... äh ... na, zurück, oder? Moment, kurz nachdenken. Dieser Landauer konnte einem jede Vorfreude mit seinen Warnungen versauen.

Bevor ich eine Entscheidung über meine Zukunft treffen konnte, rief mich Björn an. Kleiner Job für seine Agentur. Und noch 'ne Bitte, von wegen, ich hätte ja ein Händchen für Talente. Stimmte, in der Szene hatte ich mir einen Namen als Talentscout gemacht, nahezu unfehlbar in seinem Urteil.

Ich checkte also wieder im Madison ein und machte mich gleich auf den Weg zu Björn. Agentur im Baumwall, hätte auch zu Fuß gehen können, aber Fußmärsche waren mir ebenso lästig wie öffentliche Verkehrsmittel. Hielt mir den ganzen traurigen Trash des normalen Lebens vom Leibe, selbst zehn Mark Parkgebühren schreckten mich nicht ab.

Kurzes Briefing, irgendeine Internetnummer, schnell gemacht.

»Ey, Henk, bin dermaßen im Stress, schau dir mal die Kleine heut Abend an, kriegst 'nen Hunderter obendrauf.«

Schon war ich mit Nele verabredet, von der ich nicht viel mehr wusste, als dass sie blond war und 'ne Mappe dabeihaben würde. Um sieben im Mr. Green, das sagenhaft erfolgreich war mit Salaten und angeblich leichter Küche, für die sie deftige Preise verlangten.

Also 'nen Hunderter dafür, sich mit einer jungen Blonden zu treffen, die unbedingt in die Werbung will, so was ließ ich mir gefallen. Andererseits hatte ich schon zu viele Mädchen vor mir sitzen gehabt, die nicht nur hässlich waren, sondern auch absolut talentfrei. Der Hunderter konnte also genauso gut Schmerzensgeld sein.

Parkte meine Katze zwischen einem Porsche und einer S-Klasse, die Rothenbaumchaussee war feinstes Hamburger Kaufmannsland, da bestand keine Gefahr. Selbst ein Ferrari konnte hier parken, ohne Schaden zu nehmen.

Kaum war ich in der Tür, wusste ich, dass ich die Kohle schmerzlos einsacken würde. Nele war wirklich hübsch, naturblond, keckes Lachen; noch bevor ich mich hingesetzt hatte, war ich neugierig, wie ihre Muschi roch. Constanze war eher der dunkle Typ, Vorfahren aus der Puszta oder so, da ging der Muschiduft schon in Richtung Cabanossi. Nele war eine Butterblume, rein und elfenhaft, da konnte ich mich auf die feine Nase eines Talentsuchers verlassen, der nicht nur ihre beruflichen Perspektiven im Sinn hatte.

Ihre Mappe war ziemlich kümmerlich, ein paar Texte, die sie als Praktikantin in einer drittklassigen Klitsche geschrieben hatte.

Aber sie war nicht ohne Talent, ihre freche Schnauze erkannte ich in einigen Headlines wieder. Björn würde schon was aus ihr machen. Ich hakte den offiziellen Teil fix ab. Lustige Texte konnte sie, da würde sie auch sonst keine Spielverderberin sein, sagte mir mein Instinkt.

Sollte mich nicht täuschen, bevor die zarte Putenbrust auf den Tisch kam, hatten ich und das kleine Busenwunder – musste mich zusammenreißen, nicht ständig auf ihre reifen Melonen zu starren – schon zwei Martini und die halbe Flasche Pinot Grigio ausgesüffelt. Wie alt mochte sie sein? Nach ihrer Unbedarftheit schätzte ich sie auf höchstens 23, viel von der Welt hatte sie noch nicht gesehen. Rauchten eine nach der anderen, immer gab ich ihr Feuer.

»Warum machst du das?«

»Old School.«

»Ich hab die Schule immer gehasst.«

»Nicht die schlechteste Voraussetzung, um eine gute Texterin zu werden«, überspielte ich diese kleine Peinlichkeit.

Hatte bewusst das Mr. Green gewählt, wo ein Großteil des Publikums aus den Neles dieser Welt bestand. Nie zu deinem Stammitaliener mit solch jungem Gemüse gehen! Fragen sie gern nach Ananaspizza und Lambrusco und du kannst dich noch nicht mal beschweren, ist halt der Preis, den man für ihre Gesellschaft zahlen muss. Gehste mit Frauen in deinem Alter, ist die Restaurantrechnung doppelt so hoch, obendrein zahlste reichlich Geduldsgroschen wegen ihrer ermüdenden Lebensgeschichten, an deren Ende oft die Äußerung eines sehnlichen Kinderwunsches steht. Nein, dann lieber doch das hier.

»Meinst du wirklich, ich könnte eine gute Texterin werden?«

Ausgeschlossen war das nicht. »Na, erst mal wirste Junior-Texterin. Und soweit ich das heute beurteilen kann, stehen die Chancen nicht so schlecht. Denke mir, Björn wird dich in den nächsten Tagen anrufen.«

Wer ehrliche Freude sehen wollte, brauchte nur in ihr Gesicht zu schauen.

»Und um das klarzustellen: Ich sag das nicht nur so. Du hast wirklich Talent, glaub mir. Wenn wir aufgegessen haben, können wir auch gleich zahlen und ich bring dich noch nach Hause oder zur Bahn. Nicht dass du denkst, ich wär so einer.«

Natürlich war ich so einer, aber – bitte sehr – mit Stil. Zwingen führt zu nichts, ein kreativer Umgang mit der Wahrheit dagegen oft ans Ziel. Sie hatte die Wahl.

»Och, wo der Abend gerade so schön ist, können wir gern noch was trinken gehen.«

Wer geile Vorfreude sehen wollte, sah sie in meinem Gesicht.
»Wenn ich getrunken hab, fahr ich nicht mehr. Müsste meinen Wagen erst mal im Hotel abstellen. Dann können wir weiter.«

»Haben die in deinem Hotel keine Bar?«

Konnte sie Gedanken lesen? Die Bar im Madison war längst nicht so stilvoll und glamourös wie die im Atlantic, aber auch nicht so traurig wie die Absackerplätze für Vertreter in Zwei-Sterne-Absteigen. Gute Drinks, mehr wollte man nicht.

Nachdem ich die Rechnung geordert hatte, wollte uns die Bedienung noch zu einem Dessert oder mindestens einem Espresso nötigen. Die Jungs vom Mr. Green hatten ihrem Service diese amerikanische Aufdringlichkeit eingeimpft. Verkniff mir eine Antwort, dachte nur: Nein, nach dem Essen gönn ich mir dieses junge Ding.

Bezahlte und führte Nele zu meiner Katze.

»*Das* ist dein Auto? Wow, ein Jaguar, oder? Mein Onkel hatte auch so einen, der war ja so verrückt, leider letztes Jahr gestorben.«

Nun ja, im Grunde war ich nichts anderes als ein verrückter Onkel, allerdings noch am Leben.

»Ich liebe Autos mit Stil, so alte englische, fahr ja einen Mini.«

Fast zärtlich strich ihre Hand über das Connolly-Leder. In diesem Augenblick war ich mir sicher, dass dieselbe Hand noch heute Abend meinen Schwanz streicheln würde.

Die Bar im Madison war ziemlich leer, aber der Barkeeper erkannte mich sofort. Nele war nicht die erste Blüte, mit der ich mich schmückte. Orderte zwei Kir Royal, die sie wirklich noch mit Champagner servierten, anders als in billigen Bars, wo der Drink gern mit profanem Prosecco gepanscht wurde. Champagner! Jaguar! Hotelbar! Nele kostete zum ersten Mal in ihrem Leben vom Nektar der Werbebranche.

Stefan, der Barkeeper, schenkte eifrig nach und wurde für meinen Geschmack ein wenig zu zutraulich. Gut, konnte ihn verstehen, kam er aus Billstedt, einem betongrauen Stadtteil, der als sozialer Brennpunkt berüchtigt war. Und war solo, kroch natürlich Neid in ihm hoch, wenn er leckere Blondinen vor Augen hatte, die dann mit den Inhabern der Kreditkarten auf die Zimmer verschwanden. Aber hey, er war nicht obdachlos, hatte einen guten Job, für den Rest war ich nicht verantwortlich. Als Nele auf Klo war, stutzte ich den Beau zurecht. Klar, machte er ihr schöne Augen, konnte sogar sein, dass sie zurückgeblinzelt hatte. Aber das war mein Revier, mein Abend, meine Trophäe. Brauchte nur wenige klare Worte, von wegen Trinkgeld und Geschäftsführung, schon spurte er. Freche Rivalen galt es, sich vom Leib zu halten, ohne in den Ring zu steigen.

Eine Bar ist der beste Ort, um einander näherzukommen. Rückte meinen Hocker Zentimeter um Zentimeter an Nele heran, bis sich unsere Knie berührten. Zieht eine Frau ihr Knie nicht zurück, haste freie Bahn – die ersten ach so zufälligen Berührungen. Ein untrüglicher Indikator für Paarungsbereitschaft ist zudem, wenn sie dich ständig antatscht, am Arm, am Bein.

Jetzt war's so weit. »Schreib die Rechnung aufs Zimmer, Stefan.« Tat mir irgendwie leid um ihn, aber so ging das Spiel nun mal.

Nele hatte ordentlich einen im Tee. Dachte, sie könnte mehr ab. Auf dem Zimmer griff ich aus der Minibar zwei Piccolo, sie ließ sich sofort aufs Bett fallen. Nein, eine besoffene Leiche sollte man nicht schänden. Tat ich nicht, zuckte sie noch, als ich ihr die Jeans runterzog, den Slip gleich mit. Durchsichtige Spitze zieht keine Frau an, wenn sie nicht was vorhat. Lag sie vor mir, ihre Muschi, überraschend buschig, blondes Büschchen, weich wie Kükenflaum. Machte mich ans Werk und schleckte ihre Pussy, die, wie ich erwartet hatte, mild und nussig schmeckte. Sie gurrte erst, aber dann röchelte sie, ich leckte weiter – röchel nur! –, bis sich plötzlich ein warmer Schwall auf meinen Kopf ergoss. Ich kannte diesen säuerlichen Geruch, war eindeutig Kotze, roséfarbene Kotze kleckerte von meiner Stirn runter, musste selbst fast würgen. Als ich mich aufrichtete, um Nele zu beruhigen, schoss eine weitere Fontäne aus ihrem Mund, sie spritzte die halbe Wand voll. Das Zimmer sah aus wie nach einem Gemetzel.

Schleppte sie unter die Dusche, nach hundert Litern kaltem Wasser kam sie wieder zu sich und jammerte was von einem Freund, den sie doch nicht betrügen konnte. Auch das noch! Niemand will am gleichen Abend das Gejammer einer frischen Eroberung hören. Die Reue hat sich einen festen Platz für den nächsten Morgen reserviert.

Nachdem ich sie einigermaßen stabilisiert hatte, rief ich ihr ein Taxi und verlangte beim Service nach einem neuen Zimmer. Diskret wie sie waren, wurde meinem Wunsch sofort entsprochen. Gegen zwei fiel ich in einen unruhigen Schlaf. Allein.

Am nächsten Morgen checkte ich aus und machte mich auf den Weg nach Berlin, drei Wochen Hamburg waren genug. Von der Autobahn aus rief ich Björn an, von wegen, er sollte die Nele zum Gespräch einladen. Erzählte ihm von unserem Abend, bis zum bitteren Ende. Lachte er: »Na, das fand sie wohl zum Kotzen.«

Mir blieb das Lachen im Halse stecken, war nicht zu Späßen aufgelegt, zitterte vor Einsamkeit, Zweifeln und dem Wiedersehen mit Constanze. Nahm nie die Ausfahrt Richtung Westen, fuhr weiter Richtung Pankow und Prenzlauer Berg, denn diese Strecke hielt einen magischen Moment bereit:

Irgendwann tauchte am Horizont der Fernsehturm auf, für mich eine ganz besondere Markierung, das Zeichen, bald zu Hause zu sein. Wohnte erst ein knappes Jahr in dieser Stadt, aber ich war in sie verknallt. Warum? Wie soll man so eine Zuneigung erklären, die ja immer ultimativ subjektiv ist, immer irrational? War als 15-Jähriger mit meinen Eltern zu Besuch in der damaligen Frontstadt gewesen, schon damals hatten mich die Größe, die vielen Möglichkeiten, das Kaputte wie das Freche gereizt. Was soll's, ich war verliebt in eine Stadt, wohnte mitten in ihrer Mitte und sie konnte mich genauso wenig enttäuschen wie mein Jaguar. Berlin kotzte nicht auf mich, meine Katze war nicht dauerscharf auf meinen Schwanz.

Kaum hatte ich meine Koffer abgestellt, rief Jean an. »Na, Partner, biste wieder einsatzbereit?«

Die Miete, die Rate für den Zwölfzylinder, die teuren Wochen in Hamburg vor Augen, da konnte ich diese Frage nur bejahen.

Unsere Agentin tat, was ihre Aufgabe war: uns einen neuen Job besorgen. Sogar in Berlin. Drei Wochen für diese schwedische Automarke, außerordentlich beliebt bei Studienräten, Querdenkern und überhaupt bei allen, die sich jenseits des Mainstreams wähnten. Gut, auch die hohen Herren der DDR hatten die Limousinen im Fuhrpark gehabt und selbst Herbert Wehner ließ sich in einer ockergelben Version von seiner Frau, die ja gleichzeitig seine Stieftochter war, von Termin zu Termin kutschieren. Irgendwie sympathisch.

Leider reichte den zuständigen Herren in Schweden diese Zielgruppe nun nicht mehr, sie machten jetzt auf *Dynamik*, wollten mit dem neuen Modell sogar BMW Kunden abjagen. Klang nicht gut. Hatten sie sich eine Ur-Berliner Agentur ausgesucht, die seit ein paar Monaten von einem sogenannten dynamischen Jungmanager geleitet wurde, der zuallererst durch seine Lautstärke und eine Überdosis Gel in seinen Haaren auffiel. Egal, drei Wochen versprachen einen Haufen Geld, das Futter für mich und die Katze sollte gesichert sein.

»Wann ist das Briefing?«

Jean befand sich bereits im Stadium verfrühter Euphorie: »Übermorgen um neun. Treffen wir uns da?«

»Ja, treffen uns da« und tschüss.

Mein Anrufbeantworter blinkte hektisch, zwölf Nachrichten, mal hören. Größtenteils Nebensächlichkeiten, natürlich x-mal Constanze, dann die letzte Nachricht vom Morgen: »Hallo, ich bin's, Nele. Sorry wegen dieser Nacht, war wohl betrunken, würd dich aber sehr, sehr gern wiedersehen.« Diese Nachricht hörte ich mir zwei-, dreimal an, konnte nicht genug kriegen von ihrem »sehr, sehr gern« – unverhoffte Droge zum Nulltarif. Ihre Bettelei machte mich scharf. Noch bevor ich Constanze anrief, wählte ich die Nummer von Nele.

»Nächstes Wochenende?«

»Gern.«

»Du kommst nach Berlin?«

»Natürlich!«

Schön, sehr schön, der Kükenflaum wollte sich mir noch mal in besserer Verfassung präsentieren. Aber was war denn nun mit Finn, ihrem Freund? Für ein Jahr in Australien, das bald vorbei war? Australien? Was treibt die Menschen nur dahin? 24 Stunden Flug, mindestens, kulturloses, ehemaliges Sträflingsvolk, die giftigsten Spinnen, die allergiftigsten Schlangen, das Meer voller Haie. Willkommen im Sehnsuchtsland gutgläubiger Aussteiger und naiver Surfer! Na, da war Neles Sandkastenliebe wohl doch noch weit genug entfernt, um den Mantel der Verdrängung über ihr schlechtes Gewissen zu legen.

In meine Freude mischte sich schnell ein fieser Schmerz namens Constanze. Was sollte ich nur mit ihr machen? Klingelte das Telefon, erkannte sofort das Timbre ihrer Stimme: »Schön, dass du wieder in Berlin bist. Wollen wir uns heute Abend sehen?«

Das Leben ist eine Hyäne, warum war Constanze nicht ein, beispielsweise, hübscher junger Student über den Weg gelaufen, so ein ganz unwiderstehlicher? So einer, der den alten kranken Werbersack sofort aus ihrem Bewusstsein entsorgt hätte? Komisch, Klischees funktionieren immer nur dann, wenn du es nicht gebrauchen kannst. Konnte mich nicht drücken, verabredete mich mit ihr beim Hörsturz-Italiener.

Lauer Frühlingsabend, saßen draußen auf einer Bank, sie steckte mir gleich ihren Fuß zwischen die Beine, begleitet von einer Geilheitsbeichte: »Schon in der Vorlesung war ich ganz nass, wenn ich an dich gedacht habe.«

Auf der Skizze unserer Beziehung waren all die schönen Momente, sämtliche begehrenswerten Attribute von Constanze ausradiert worden, hatten Platz gemacht für die kleinen Fehler und Makel, die man zu Beginn nur allzu gern übersieht oder ignoriert: für ihre klobigen Fesseln, den am Ende doch etwas zu breiten, birnenhaften Hintern, ihren immer strenger werdenden Körpergeruch, je wärmer es wurde. Von einem Moment auf den anderen waren diese Makel bestimmend, bekamen Oberhand und verbrannten wie ein enorm leistungsfähiger Laser alles Schöne, was uns zwei mal verbunden hatte. Diamantene Liebesschwüre waren zu billigem Modeschmuck geworden, weil eine bessere Gelegenheit vor der Tür stand.

Diesmal war ich der Verräter, unfähig zur Wahrheit, zum Bekenntnis zur banalen, aber verlockenden Frucht, zur blonden Nele und ihrem Flaum.

Schließlich waren wir in meiner Wohnung, Constanze und ich, sie bot sich an wie eine Hure auf dem Straßenstrich, die unbedingt Umsatz machen musste, noch heute! Und ich war der kritische Kunde, der längst wusste, dass er ein paar Meter weiter besser bedient werden würde. Verdammtes Scheißgefühl. Mochte sie mehr, als ich es in diesem Moment gebrauchen konnte. Vielleicht Freunde bleiben? Ach, Henk, das ist auf dieser Welt noch nie gut gegangen. Ich wurde gehässig, empfand Ekel, wenn sie sich mir näherte.

Machten uns noch gemeinsam bettfertig, aber als sie neben mir lag, meinen Schwanz in die Hand nahm, musste ich handeln. »Constanze, ich kann jetzt nicht. Nicht heute, nicht morgen, ich bin ratlos.«

Schrak sie hoch, aufrecht bat sie um die absolute Wahrheit: »Sag mir bitte, was los ist.« Sie machte sich nichts vor, das musste man ihr lassen, hatte sofort begriffen, worauf es hinauslief.

»Constanze, es ist aus!«

Kaum hatte ich's ausgesprochen, fingen wir beide an zu heulen, schluchzten aus vollen Rohren in die Nacht, beide überwältigt von dieser unfassbaren Nachricht. Was hatten wir nicht noch vorgehabt: gemeinsam einen Roman schreiben, nach Wien ziehen, den Spuren von Thomas Bernhard folgen, der ganzen blöden Banalität unser Grinsen entgegenhalten. Alles vorbei! Wer oder was war schuld?

Fiel mir ein, wie ich mit Nele in Hamburg vom Mr. Green zum Madison gerast war, halbtrunken, Schiebedach offen, volles Rohr hatte aus der exzellenten Soundanlage The Clashs *London Calling* gedröhnt, hatte mich zwanzig Jahre jünger gefühlt: Die Achtziger waren gerade geboren und ich als Neo-Punk mittendrin, befreite mich von dem ganzen Rotz meiner kleinbürgerlichen Herkunft. Nele musste zu dieser Zeit ungefähr drei Jahre alt gewesen sein.

Mit Constanze waren solche Späße unvorstellbar, ihr Kontrollgen verbot jede spontane Verrücktheit, die ich in meinen späten Dreißigern zum Überleben brauchte. Jetzt mehr denn je.

»Verschon mich nicht, sag mir die ganze Wahrheit!« Sie flehte mich an, aber die Wahrheit, diese ganze blonde Nele-Wahrheit, wollte ich ihr in ihrer Verzweiflung nicht antun. In meiner glorreichen Feigheit blieb ich stumm, rief ihr ein Taxi, gab ihr vierzig Mark für die Fahrt nach Zehlendorf. Totales Aus, zweifellos.

Den Rest der Nacht verbrachte ich in Gesellschaft von Selbstzweifeln: Hast du das Richtige getan, gleich alles zu beenden? War das nicht verdammt unfair Constanze gegenüber? Und so weiter.

Am nächsten Morgen waren die Tränen getrocknet, es überwog die Freude auf das Honorar für drei Wochen Arbeit und die Aussicht auf ein Wochenende mit Nele. Ich hatte das Richtige getan.

Unten in meinem Haus führte Rolf einen anständig sortierten Weinladen, holte mir bei ihm gern einen guten Roten, kleines Schwätzchen gab's obendrauf. Staunte immer noch, wie dörflich dieser Fleck mitten in Berlin war.

Endlich wieder zu Hause, in meinem Bett, Fischgrätparkett darunter, über mir das begrünte Dach eines nach den aktuellen ökologischen Gesichtspunkten errichteten Neubaus. Gutes Gefühl, alles richtig gemacht, abends zwei Gläschen vom Montepulciano, morgen Schwedenstahl.

Leider war der Himmel über Berlin ebenso wenig gnädig zu mir wie die Hamburger Nacht: Henk Bader wartete in der folgenden Nacht auf einen Schlaf, der nicht kam. Nicht um zwei, nicht um vier, auch nicht um sechs Uhr. In seinem Berliner Futon spielten sich die gleichen Szenen ab wie im Hamburger

Kingsize. Gut, hier war die Verzweiflung günstiger, dennoch endlos, ein Kampf gegen die Zeit, der spätestens im Morgengrauen verloren war. Byzanz war gefallen, das geteilte Berlin Vergangenheit, jetzt war die hippe, postvereinigte Mitte dran. Und ich das Musterbeispiel einer dekadenten Kreatur, ein Gewinner, strauchelte, einer von denen. Einer, der eben noch auf dem Podest gestanden, sich gefeiert hatte, ein Held gewesen war. Bitte steigen Sie ein, wir fahren Sie ins Untergeschoss. Gehören Sie ab sofort hin, bitte einreihen in die Armee namenloser Mitläufer. Ich? Nein, ich bin was Besonderes, eine Perle, ein Stern, ein Solitär!

Das schlaflose Schicksal lachte mich aus, schmetterte mir die ungeschminkte Wahrheit in mein Heldengesicht, das ich gegen halb neun im Spiegel anschaute. Und über das ich erschrak. Sah ungefähr so gesund aus wie ein Junkie, der seit Wochen nur schlechten Stoff bekam und das Sonnenlicht konsequent mied, ein Bild von einem Wrack. Schaffte es immerhin, mich so herzurichten, dass sie uns den Job nicht gleich wieder wegnahmen.

Autos lagen mir, schwedische sowieso, nur so konnte ich mich in der ersten Woche über Wasser halten. Brachten wir ein paar schöne Kampagnenansätze, mussten aber höllisch aufpassen, den zentralen Punkt des Briefings nicht zu vergessen: Dynamik. Tatsächlich wollten sie einem Auto, das sich jahrzehntelang außerordentlich gut über das Versprechen von Sicherheit und Solidität verkauft hatte, unbedingt eine groteske Dosis Dynamik verabreichen. *Dynamik, Dynamik!* Alles und jeder hatte plötzlich unglaublich dynamisch zu sein: Mitarbeiter, wirtschaftliche Entwicklungen, ganze Lebensentwürfe, sogar die Rentner. Und der gute alte Schwedenpanzer. Der Geschäftsführer der Agentur machte es vor, trug mehr Gel auf seinem Kopf als Verständnis für gute

Ideen in ihm. Mir war eh schleierhaft, wie die an den Etat gekommen waren.

Buchmark war eine West-Berliner Institution und die einzige Agentur, die bis zur Wende über die Grenzen der Frontstadt bekannt war – aber nicht berühmt. In den letzten zehn Jahren hatte sie die Hälfte ihrer Aufträge verloren, da kamen die Schweden gerade zur rechten Zeit. Ihren Standort im Europa-Center, auf dessen Dach sogar das Logo der Agentur dem Mercedes-Stern nebenan Konkurrenz gemacht hatte, hatten sie aufgeben müssen. Nun versuchten sie es in Mitte – wie alle.

Ich stand die Chose bis zur Zwischenpräsentation durch, die ich mit einem fies entzündeten Auge hielt. »Das sieht alles sehr gut aus. Aber ich weiß nicht, irgendwie fehlt mir da noch was … genau: die Dynamik.«

Ich war drauf und dran, unserem gegelten Auftraggeber an die Gurgel zu gehen und so lange zuzudrücken, bis er keine Luft mehr haben würde, um dieses verhasste Wort auszusprechen. Auch Jean rollte mit den Augen. In der Nacht davor war sein Vater mit Schlaganfall ins Krankenhaus eingeliefert worden.

Noch am selben Tag beschlossen wir gemeinsam, den Job zu beenden. Schnell und dynamisch. Wir waren nicht scharf auf verstopfte Arterien. Gab Jean mitsamt einer Umarmung die allerbesten Genesungswünsche für seinen Vater mit auf den Weg. Weil den armen Mann der Schlag getroffen hatte, konnte auch ich mich unkompliziert aus der Affäre ziehen. Meine Abschiedsworte an den dynamischen Geschäftsführer: »Ohne meinen Partner mache ich nicht weiter. Außerdem sehe ich uns in einer kreativen Sackgasse.« Die Konsequenz der konsequenten Entscheidung: Honorar für anderthalb Wochen statt für drei, was mich nicht gerade fröhlich machte.

Erinnerte mich, dass mir der Landauer die Adresse einer Kollegin in Berlin gegeben hatte. Frau Doktor Stockhusen-Wildberg, angeblich eine Kapazität, die sich bereits einen Namen gemacht hatte. Warum nicht? Konnte's ja mal probieren.

Nach einigen Tagen Bekanntschaft mit ihrem Anrufbeantworter bekam ich einen Termin in zwei Wochen.

Überstand die Zeit mit regelmäßiger Weinzufuhr durch Rolf, der großzügig Proben ausschenkte. Standen wir sozusagen als Edelversionen von Alkoholkonsumenten vor seinem Laden, immer einen Roten und eine Zigarette in der Hand. Die besten Plätze, um das ach so prominente Volk zu beobachten, das hier flanierte. Da gab es diese beiden Jungliteraten, die gern als Duo auftraten. Schlenderten sie lässig, aber konzentriert vorbei, zogen an ihren Zigaretten und steckten die Köpfe derartig subversiv zusammen, dass jeder glauben musste, sie würden am Roman des Jahrhunderts arbeiten. Bisher hatten sie jeweils nur einen mäßig erfolgreichen Poproman auf der Habenseite, allerdings auch die Mädels in Mitte. Selbst Constanze hatte Mühe gehabt, sich zu beherrschen, als wir im Haus des Lehrers am Alex auf einer Party gewesen waren und der Hübschere der beiden Jungs an uns vorbeigeschlichen war. Zwei Stunden später hatten sie den volltrunkenen Mädchenschwarm rausgetragen.

Stammkunde bei Rolf war auch ein Schauspieler, den man schon mal gesehen hatte, von dem man aber nicht mehr wusste, wo und in welchem Film. Ach ja … in dieser Krimiserie im Zweiten, die versuchte, an den Erfolg von *Derrick* anzuknüpfen. Er war der dritte Assistent des Kommissars, führte sich hier in Mitte aber wie James Bond himself auf. Mir wurde die Dichte an Wichtigtuern in diesem Teil der Stadt langsam lästig, die Pest breitete sich aus. Auch dieser weltberühmte Autorenfilmer aus Deutschland schaute regelmäßig bei Rolf vorbei und ließ sich seine zwei Kisten Brunello stets in sein Penthouse in die Linienstraße liefern. Mit Swimmingpool auf dem Dach!

Keiner wusste im Viertel besser Bescheid als Rolf. Nach außen wirkte er diskret, aber je näher sein Feierabend rückte, desto gesprächiger wurde er, er erwies sich als sprudelnde Quelle für den neuesten Klatsch. Ich genoss das in vollen Zügen.

Am Wochenende war's so weit: Nele setzte sich in ihren winzigen Mini Cooper und machte sich auf den Weg nach Berlin. Unerschrocken nahm sie die größten Gefahren auf sich, wie etwa polnische Lastwagen, die mit überhöhtem Tempo über die Autobahn schaukelten. Freute mich auf ihr frisches Wesen, konnte ich gut gebrauchen, genauso wie ihre Sahnemuschi.

»Willst du mich totficken?«, fragte sie schwitzend, als ich zum dritten Anlauf ansetzte.

Nein, aber sie war die beste Therapie von allen! Wir futterten, tranken und vögelten zwei Tage lang durch. Ihr Freund in Australien surfte immer noch auf dem Wasser den Haien davon.

Kaum hatte sie sich am Sonntagabend auf die selbstmörderische Rückfahrt nach Hamburg gemacht, fiel ich in ein Loch, das so tief wie der Marianengraben war. Ohne Alkohol konnte ich nicht mehr einschlafen, ohne sie wurde die Wichserei zu einem traurigen, unerfüllten Akt. Sehnte mich nach ihr und hatte als Hoffnungsschimmer nur den Termin bei Frau Doktor Doppelnamen. Vielleicht war die endlich die Rettung.

Bestes Charlottenburg, Kathedralen von Altbauwohnungen, Bilderbuchadresse für die Praxis einer Westberliner Koryphäe. Unten war offen, es zog gerade jemand aus, klingelte im dritten Stock. Keine Reaktion. Klingelte noch mal, erschien im Türspalt eine misstrauische Greisin von mindestens achtzig Jahren. Die perfekte Besetzung, um den Kindern bei einer Aufführung von *Hänsel und Gretel* richtig Angst einzujagen.

»Frau Doktor Stockhusen-Wildberg?«, fragte ich so entsetzt, als wäre ich eines der Kinder.

»Wie?«

»*Frau Doktor Stockhusen-Wildberg?* Ich habe einen Termin!«

»Ach, Sie wollen zu meiner Tochter. Warteraum, zweite Tür links.«

Hatte schon viele schräge Empfangsdamen erlebt, die war aber die Krönung, schwer traumatisiert durften die Patienten nicht sein.

Im Warteraum stand eine brokatrote Sofalandschaft, die meiner Mutter gut gefallen hätte. Trügerische Gemütlichkeit, dachte ich mir.

»Herr Bader?«, bellte ein Bariton, der entfernt Ähnlichkeit mit einer weiblichen Stimme hatte. Ich stand auf, drehte mich um und sah eine Mischung aus Maggie Thatcher und Domenica im Türrahmen stehen: betonierte Dauerwelle in Fuchsrot, der käferhafte Körper ganz in Schwarz gekleidet, kniehohe, rostbraune Lederstiefel. Drückte ihre Hand und war heilfroh, dass sie mir nicht die Finger zerquetschte.

Im Gesprächszimmer dominierten dunkles Holz und Leder, schwere Teppiche dämpften die Schritte. Immerhin keine Handschellen, Daumenschrauben oder Peitschen, auch keine Streckbank. Saßen wir uns gegenüber, jeder in einem englischgrünen Ledersessel. Starrte auf ihre Stiefel und war mir nicht sicher, ob mich eine etwa Fünfzigjährige in hochhackigen Stiefeln nun anmachte oder nicht.

»Was führt Sie zu mir?«

»Herr Landauer aus Hamburg hat Sie empfohlen. Ich leide, nein, also, ich hatte einen Hörsturz und lag eine Woche in der Klinik. Da hab ich zwei Gespräche mit Herrn Landauer geführt, bevor ich entlassen wurde.«

Starrte sie mich mit der gleichen Sympathie an, die Maggie Thatcher für Gewerkschaften empfand. »Ach so. Eigentlich sind Sie aber der Meinung, dass Sie gar keine Therapie brauchen.«

Sie hatte nicht völlig unrecht. Aber Moment ... ich wollte mir helfen lassen, dafür war ich doch hier. Sollte die Hexentochter nicht eher Brücken bauen, statt Wälle errichten? Fühlte mich gleich in die Verteidigung gedrängt. Landauer war mir sympathischer gewesen und trug keine Domina-Stiefel. Sollte ich mich auf den Boden werfen, heulend mit den Fäusten trommeln, oder was wollte die von mir?

»Nein, ich bin hier, um mir helfen zu lassen. Das ist mein voller Ernst.«

Ging das Gegurke mit Kindheit und Familie wieder los, Anamnese von vorn bis hinten. Zum Ende der ersten Sitzung fragte sie mich: »Sie sind doch privat versichert, oder?«

Klar, sonst würde ich ja nicht hier sitzen. »Ja, warum?«

»Schauen Sie mal auf Ihre Versicherungspolice. Haben Sie eine Krankentagegeldversicherung abgeschlossen? Bei Ihren Symptomen sollten Sie sich eine Auszeit nehmen und sich krankschreiben lassen.«

Ich hatte auf meine Police geschaut. »Ja, ich kriege Krankentagegeld, nach dem vierzigsten Tag.« Alles andere war schlichtweg unbezahlbar.

»Dann gehen Sie zu Ihrem Hausarzt und lassen Sie sich ab sofort krankschreiben.«

»Können Sie das nicht?«, fragte ich.

»Ich?« Sie war entrüstet. »Nein, ich bin Therapeutin, ich mache so was nicht.«

»Ich mache so was nicht« – wofür hielt die sich? Obendrein hatte ich in Berlin keinen Hausarzt, hatte bisher keinen gebraucht. In Hamburg, ja, da war ich über zehn Jahre lang zu Ole Pedersen gegangen – halber Däne, ganzer Nordischer, immer in der Laune für eine Krankschreibung. Aber in Berlin, in Mitte? Es mochte sich in den letzten Jahren vieles geändert haben, aber jeder Arzt in meiner Nähe hatte ein Schild am Hauseingang, das verdächtig nach DDR aussah. War mal mit einer Lebensmittelvergiftung und Dauerdurchfall zu einem von ihnen gegangen und mit Tabletten wieder nach Hause, die komplett wirkungslos gewesen waren. Über vierzig Fieber, hatte schließlich den privatärztlichen Notdienst kommen lassen, der mir sofort Ciprobay verschrieb. Helfen auch gegen Milzbrand.

Frau Doktor Stockhusen-Wildberg fuhr aus ihrem Sessel hoch: »Nein, im Osten kenne ich keinen fähigen Hausarzt. Ehrlich gesagt sind die Ärzte im Osten alles Verbrecher, Nichtskönner, nur was für Todesmutige!« Die Stiefellady kam mächtig in Fahrt.

Constanze, in ihrer diffusen Zehlendorfer Lust nach kaputtem Schick, bedauerte, dass sie beim Zusammenbruch der DDR noch zu jung gewesen war, um sich einer hemmungslosen Party-Armada anzuschließen. Als alles noch so geil DDR-mäßig war, in jedem einsturzgefährdeten Keller die In-Crowd bis ins Morgengrauen wildeste Partys feierte: Tacheles frisch besetzt, die Straßen atmen noch den Sowjetduft aus, man ist dabei in den ersten Tagen, wie cool! Ich hingegen war heilfroh, meiner Leidenschaft für Berlin erst so spät nachgekommen zu sein, sodass ich in den Genuss der Errungenschaften der Zivilisation wie Telefon und Klospülungen kommen konnte.

Leider waren fähige Ärzte 2001 immer noch Mangelware. »Sie haben völlig recht, die Ärzte im Osten …«

Bevor ich den Satz beenden konnte, fiel mir die gestiefelte Madame ins Wort: »Ich gebe Ihnen eine Adresse im Westen, ein hervorragender Mediziner, auf den Sie sich voll und ganz verlassen können. Für Ihre Medikamente kann ich Ihnen ein Rezept ausstellen.«

»Welche Medikamente?«, fragte ich.

»Sie nehmen *keine Psychopharmaka*? Dann können Sie das alles gleich vergessen!«

Es führte also kein Weg mehr an dem Zeug vorbei. »Gibt es denn welche ohne großartige Nebenwirkungen? Ich möchte nicht sediert durchs Leben laufen.«

»Die Zeiten sind vorbei, Herr Bader. Heutzutage gibt es äußerst wirksame Antidepressiva, die kaum noch Nebenwirkungen haben.«

»Keine« hätte sich besser angehört als »kaum noch«.

»Ich schreib Ihnen Fluoxetin auf, die sind bewährt und allgemein gut verträglich. Sie nehmen bitte jeden Morgen eine Kapsel, als Dosierung sollten zwanzig Milligramm erst mal reichen.«

Holte mir die Dinger in der nächstbesten Apotheke. Am Hackeschen Markt wollte ich mit so einem Rezept nicht vorstellig werden. Zu Hause recherchierte ich sofort im Internet, was mir die Stockhusen-Wildberg da verschrieben hatte. In den USA schon länger unter dem Namen Prozac bekannt, wurde das Zeug auch als »Glückspille« bezeichnet. Das gefiel mir, eine kleine Stimmungsaufhellung hatte ich bitter nötig. Weniger gut gefielen mir die beschriebenen Nebenwirkungen: Übelkeit, Schlaflosigkeit, Müdigkeit, sexuelle Dysfunktion. *Sexuelle Dysfunktion!* Mir stand also ein Restleben als kotzender, müder und obendrein impotenter Ex-Texter bevor. Hurra!

Rief sofort die Stockhusen-Wildberg an und ließ mich nicht abwimmeln.

»Herr Bader, nun bleiben Sie mal ruhig. Das sind Neben-wirkungen, die auftreten *können*, aber nicht *müssen*. Machen Sie doch erst mal Ihre eigenen Erfahrungen, dann sehen wir weiter.«

Die hatte gut reden! Sie würde es nicht sein, die keinen mehr hochkriegte. Fügte mich dennoch und ging das Thema Hausarzt an. Aha, Spandauer Damm, ganz schön weit im Westen, aber für eine gute ärztliche Versorgung sollte mir kein Weg zu weit sein.

Allerdings war ein Termin bei Doktor Paul ungefähr so leicht zu kriegen wie eine Audienz beim Papst. Am Telefon boten sie mir einen anderen Arzt aus der Gemeinschaftspraxis an, aber mir wurde schnell klar, dass die beiden anderen nicht gleichberechtigte Teile der Gemeinschaft waren, das waren die Hiwis vom Paul.

»Doktor Paul wurde mir von Frau Doktor Stockhusen-Wildberg empfohlen, sie war der Meinung, dass ich als *Privat-patient*, also ...«

»Moment.« Das entscheidende Wort war gefallen. »Nächste Woche Donnerstag um zwölf Uhr könnte ich Sie noch dazwischenschieben. Den Termin sollten Sie allerdings unbedingt wahrnehmen.« Freundlichkeit war auch hier ein Fremdwort.

Zwölf Uhr? Na gut, hatte in den letzten Tagen immer bis Mittag geschlafen.

Das heißt: Hatte bis Mittag im Bett gelegen, der Schlaf selbst in seiner Eigenschaft als Erholungsphase für den Kör-per, der war mal für zwei, drei oder vier Stunden gekommen, dann war ich wieder hellwach gewesen. Trotzdem empfand ich meinen Zustand als reinste Erholung. Niemand erwartete irgendwas von mir, drehte mich genüsslich um, wenn ich sie draußen zur Arbeit eilen hörte.

Jeans Rückkehr aus Frankreich zog sich hin, sein Vater lag nach wie vor auf der Intensivstation, kritischer, sehr kritischer Zustand. Weil ich tagelang keine Kraft zum Einkaufen hatte, ging ich mittags oft essen. Frühling in Berlin, der zwanzig Grad und mehr haben konnte.

Saß bei Friedas Schwester in der Neuen Schönhauser und ließ mir die Sonne ins Gesicht scheinen. Seit Urzeiten fühlte ich so was wie Entspannung, mein Blut floss ruhig in seinen Bahnen, die Adern schwollen nicht mehr vor Aufregung an. Machte die Augen zu, dämmerte bissken, hörte eine vertraute Stimme: »Henk, hallo, Henk!«

War unbeholfen, wusste nicht, wie ich Constanze nach unserer Trennung begegnen sollte. Bat sie, sich zu mir an den Tisch zu setzen.

»Du trinkst schon zu Mittag Wein?«

Bereute meine Einladung sofort, sie konnte aus dem Stand einen ungemein vorwurfsvollen Ton anschlagen.

»Och, kleines Gläschen Chardonnay zur Pasta, ich mach's wie die Italiener. Wie geht's dir?«

»Viel zu tun an der Uni.«

»Darf ich dich zu einem Glas einladen?«, fragte ich sie aus lauter Verlegenheit und ahnte sofort, dass dies keine gute Idee gewesen war.

»Henk! Ich muss noch arbeiten, was glaubst du?«

Ich glaubte, ich mochte diesen Ton nicht. Und arbeiten, nun ja, also arbeiten im herkömmlichen Sinne musste sie während des Studiums natürlich nicht, jedenfalls nicht so wie viele andere Studenten. Ihre Eltern hielten ihr hübsch den Rücken frei, damit die hochbegabte Tochter sich ohne lästige Handlangerjobs in die akademische Elite aufschwingen konnte.

Ich wurde böse. »Was macht die Liebe? Also ich kann nicht klagen, hab mir da eine blonde Junior-Texterin geschnappt.«

»Glückwunsch, Henk.« In ihren Augen sah ich die Verletzung, ihre Pupillen weiteten sich, wurden zu einer rehbraunen Murmel. »Ich muss dann wieder.«

Nicht mal über diese kleine Rache konnte ich mich freuen, war mir Nele inzwischen ebenso lästig geworden wie Constanze, wie überhaupt alle Menschen, die mir mit ihren Forderungen, ihren Fragen, ihrer bloßen Existenz furchtbar auf die Nerven gingen.

Vielleicht hätte ich noch mehr ins Detail gehen sollen? »Ich hab mir da eine blonde Junior-Texterin mit prallen Melonenbrüsten geholt.« Weil wir so gut wie alles ausprobierten, hatte mir Constanze eines Tages gebeichtet, dass sie auch auf Frauen stand, besonders auf deren Brüste. Für mich nichts Neues, meine langjährige Freundin hatte die gleichen Neigungen gehabt, schon zehn Jahre zuvor war ich mit zwei Frauen im Bett gewesen. Klar, jeder Mann träumt davon – zwei Frauen, meine Güte! Viele Typen haben schon Schwierigkeiten, eine rumzukriegen. Gleich zwei, damit biste natürlich im Olymp angekommen, zwei von diesen begnadeten Körpern und dann küssen diese Wesen sich auch noch! Kleinen lesbischen Sauereien beizuwohnen setzt nicht nur Legionen von Glückshormonen frei, es macht auch verdammt geil. Machen sie's alleine, sind wir Männer deshalb neidisch, beschimpfen sie gern als »Lesbenpack« und so weiter. Sind wir Gast dieses Schauspiels, nun, dann kann das aber auch Probleme mit sich bringen: Meine Ex war wild darauf gewesen, die Pussy der anderen zu lecken, ich hatte mir gerade mal einen runterholen dürfen. Dabei wollte ich natürlich mehr, wollte ohne Reue eine andere Frau ficken – was ich mir nicht nehmen ließ. Aber als meine Freundin gesehen hatte, dass ich die Gespielin küsste, war's fix vorbei gewesen mit ihrer Toleranz. Nächsten Tag ging das Gemeckere los: »Warum musstest du sie auch noch nehmen, sogar küssen, reiche ich dir nicht?« Verkatert, mundfaul, gleichzeitig beglückt von diesem Geschenk, möchte man alles, nur nicht solche Diskussionen führen.

Ähnlich war's mit Constanze gewesen: Hatte sie mir den Mund wässrig gemacht, von wegen, da gäbe es diesen Club, wo *alles, wirklich alles* möglich sei, den sagenumwobenen Kit Kat Club.

Meine Neugierde glühte, also waren wir hingegangen, Nollendorfplatz, Schöneberg. Ich war sprachlos gewesen, fasziniert. Da war sie, die Erfüllung all meiner Träume, ein Tempel der Lust, drei Etagen voller glitzernder Versprechungen, hier würde ich mir die Absolution für meine geilen Gelüste abholen! In Geschenkpapier!

Mit 'ner hübschen Frau im Schlepptau kommst du immer rein, eine geile Klamotte hilft in jedem Fall. Hatte noch eine enge Wildlederhose im Schrank, dazu kauften wir in einem einschlägigen Laden in der Uhlandstraße ein durchsichtiges T-Shirt für mich. Haste obenrum nichts annähernd Fetischhaftes an, musste als Mann mit nacktem Oberkörper gehen, aber langweilige Nacktheit wollte ich nicht. Constanze trug eine rote Corsage und eine schwarze Netzstrumpfhose, die in einem ihrer Paare halbhoher Stiefeln steckte. Zu mehr hatte ich sie nicht überreden können, selbst bei vollständiger Kostenübernahme nicht. Egal.

Konnte mich nicht sattsehen, während Constanze – wie so oft – distanziert in der Gegend rumstand. Dauerte nicht lange, kam eines von diesen leckeren, billigen, superscharfen Techno-Dingern zu uns rüber und fragte, ob wir nicht Lust hätten, mit ihr in eine Ecke zu kommen. Zeigte sie in Richtung einer ausgedehnten Lederlandschaft, wo sich offensichtlich noch ein paar Freunde von ihr tummelten. War uns nicht ganz geheuer, da lagen eindeutig zu viele Leute auf dem roten

Teil – unübersichtliche Situation. Sagten daher nicht Ja, nicht Nein, so hatte sich das Dingchen zurückgezogen, nicht ohne mir zuzublinzeln.

»Findest du die scharf?«, fragte mich Constanze.

»Nicht ungeil, das Blondchen, und super Brüste. Haste die nicht gesehen?«

»Schon. Willst du zuschauen, wenn ich ihr die Teile knete?«

»Nur zuschauen, nee. Würd ihr gern über die glanzbestrumpften Beine lecken, ihre weißen Stiefel anfassen.«

»Ach, bist wohl richtig scharf auf die. Mir ist die dann doch zu billig.«

Und zu blond, dachte ich mir.

»So eine Schlampe macht dich also an. Das versteh ich nicht.« Ihr tadelnder Blick traf mich, als ich gerade darüber nachdachte, warum Dunkelhaarige eine – offensichtlich angeborene – Abneigung gegen Blonde hegten. Den umgekehrten Fall hatte ich noch nicht beobachtet.

Und dann wurde mir klar: Selbst wenn hier was möglich wäre, liefe es auf einen großen Spaß für Constanze und eine Frustration für mich hinaus. Wir blieben also nicht lange und hatten zu Hause nur müden, pflichtbewussten Sex. Aber den Kit Kat Club, den hatte ich abgespeichert, mit Sicherheitskopie im hintersten Hinterstübchen meines Hirns.

Doktor Paul kannte keine Gnade. »Rauchen Sie?«

»Erst nach Einbruch der Dunkelheit.« Was bis vor einigen Wochen der Wahrheit entsprochen hatte, inzwischen rauchte ich auch tagsüber.

»Trinken Sie?«

»Gelegentlich mal einen guten Wein.« Gelegentlich stimmte ebenfalls nicht mehr, ich trank täglich.

»Damit sollten Sie als Allererstes aufhören.«

Oh ja, mach ich sofort, wenn du mich von meiner Schlaflosigkeit befreist, meiner Angst, den Zweifeln und meine Miete und die Raten für den Jaguar übernimmst.

»Wie Sie wissen, bin ich Sportmediziner. Treiben Sie Sport?«

Ja, seit zehn Jahren schindete ich mich beim Training, mein letztes lag allerdings auch schon ein paar Wochen zurück.

»Natürlich, ich gehe regelmäßig ins Fitnessstudio.«

»Das ist kontraproduktiv. Sie müssen raus an die frische Luft, Rad fahren, laufen.«

Sie *müssen*! Seit der Schulzeit hasste ich diese Befehlsgeber, die stets alles besser wussten, die dir von vorn bis hinten vorschrieben, wie du dein Leben zu führen hast. Natürlich ohne sich jemals in deine Haut zu versetzen.

Immerhin bekam ich meine Krankschreibung. Nun war's amtlich, kein Weg zurück, ab sofort brauchte ich keinen Gedanken mehr an brandeilige Jobs zu vergeuden, konnte Jean und dem ganzen Rest der enervierenden Werberbande ein kategorisches *Nein* entgegenschmettern, sie konnten mich mal, kreuzweise!

Prompt rief unsere Agentin an, jubilierte, konnte sich nicht einkriegen, weil sie uns so ein unglaublich lukratives Angebot unterbreitete: »Vier Wochen Kämpfer & Kollegen, für *Klartext*. Henk, das kriegt nicht jeder!«

Ja, hatte davon gehört, dass sich diese aufstrebenden Jungs aus Hamburg – allesamt Epigonen von Maass/du Bois – für nichts zu schade waren, wenn es darum ging, die etablierten Kreativagenturen mal so richtig zu ärgern. Hätte sogar gepasst, Jeans Vater war auf dem Weg der Besserung, mein Straßburger Partner also bald zurück in Berlin. Er war sogar bereit, den Job anzunehmen. Ich aber nicht, wollte nicht arbeiten für die *Klartext*, nicht für dieses hundsgemeine Revolverblatt!

Seit ich denken kann, wurde bei uns zu Hause sozialdemokratisch gewählt. Herbert Wehner, Willy Brandt, Helmut Schmidt, das waren die Guten, die von der CDU die Bösen. Je älter ich wurde, desto mehr konnte ich das nachvollziehen. Je mehr Übertragungenn ich aus dem Bundestag verfolgte, je mehr Wahlen anstanden. Die von der SPD schienen mir ehrlicher, hatten mehr Charakter. Die CDU-Typen führten sich wie gehässige Hyänen auf, die nur darauf lauerten, ihre politischen Gegner zu zerfleischen. Mir war diese Häme zuwider. Keine Unterstellung war der CDU zu perfide, um zurück an die Macht zu kommen. Nun, 1982 hatten sie's geschafft, unter tatkräftiger Mithilfe einer kleinen Partei, in der sich charakterlose Wendeköpfe nicht nur oben halten wollten, nein, sie wollten tatkräftig helfen, die Konten einer Schicht wieder aufzufüllen, der alles andere egal war: die Menschen, die Umwelt, die Kultur. Ich konnte nicht anders, mir waren die Konservativen seit meiner Kindheit verhasst, nirgendwo war ich konsequenter als in dieser Sache. Musste an die Jungs in der Schule denken, die sich in der Jungen Union engagierten: Das waren die Streber, die dich nie abschreiben ließen, waren immer die, dic von ihren Eltern in Autos abgeholt wurden, die sich deine Eltern nicht leisten konnten. Ich verabscheute die.

Als ich Junior-Texter war, hatte mein Creative Director von mir verlangt, die *Klartext* zu lesen. Von wegen Pflichtlektüre für Texter, die besten Headlines, die lustigsten Wortwendungen! Er hatte nicht ganz unrecht. Mochte dieses Blatt trotzdem nicht, meine Texterkollegen auch nicht, gemeinsam hatten wir uns gegen den Chef solidarisiert. Und auch ohne Lektüre des Boulevardblattes lieferten wir dermaßen gute Texte und Headlines ab, dass unser CD – selig möge er ruhen, der Liebhaber von Racke-Rauchzart-Whisky – sich regelmäßig ein Lob von der Geschäftsleitung abholen konnte, in der übrigens der Ur-Großneffe eines berühmten deutschen Dichters saß. Nach einem halben Jahr wurde das Abonnement der *Klartext* für die Kreation lautlos gekündigt. Wir machten ein Fass auf und sollten einen ganzen Nachmittag lang saufen. Klar, im Laufe der Jahre wurde mehr und mehr erwartet, dass wir unsere Skrupel ablegten. Die Bosse warfen uns vor, wir würden rechts leben und links wählen. Umgekehrt konnten wir ihnen keinen Vorwurf machen.

Jean war ob meiner Absage entsetzt, musste ich ihm also reinen Wein einschenken: »Jean, hier geht's nicht nur um ethisch-moralische Bedenken. Ich bin seit einer Woche krankgeschrieben.«

»Hast du die Grippe?«

»Nein, einen Burn-out. Es kann also dauern, richtig dauern, bis ich wieder zur Verfügung stehe.«

Erst Schweigen am anderen Ende der Leitung. Dann ein Lebenszeichen: »Dann muss ich mir wohl einen neuen Partner suchen.«

Darauf lief es hinaus, ohne Frage. Wieder ein Abschied, der mir leidtat, aber unumgänglich war.

Die nächsten Wochen wurden automatisch strukturiert durch regelmäßige Besuche bei Doktor Sportsmann und der Lederfrau. War dankbar für diese Struktur, ließ mich ansonsten fallen, manche würden sagen: *gehen*. Gut, Körperpflege fand noch statt, ebenso regelmäßige Nahrungsaufnahme, ansonsten war ich von einem geregelten Tagesablauf so weit entfernt wie Joschka Fischer von Selbstzweifeln. Der Kontakt zur sogenannten Wirklichkeit brach unter dem Bedürfnis, für immer und ewig zu schlafen, fast vollständig zusammen. Die Post ignorierte ich tagelang, stapelte sie so lange, bis der Haufen ein Opfer der Schwerkraft wurde und vom Tisch auf das Eichenparkett fiel. Lag er da, auch gut, leck mich! Die Glückspillen machten mich auch nicht glücklicher, vielleicht war ich ein wenig stabiler. Konnte aber auch eine Täuschung sein. Immerhin blieben mir die Nebenwirkungen erspart, was ich durchaus als kleines Glück empfand – vielleicht war's ja das, was sie meinten.

Ging auch nicht mehr ans Telefon. Die Chose war auf dem neuesten Stand, digitaler Anrufbeantworter integriert und jederzeit aktiviert. Dummerweise hatte der noch keine unbegrenzte Speicherkapazität, sodass der Klingelton eines Morgens nicht aufhören wollte, mein hörsturzgeschädigtes Trommelfell zu terrorisieren. Kam aus dem Bett nach einer rotweinseligen Nacht, die bei Rolf angefangen und irgendwann beim Spanier in der Auguststraße geendet hatte, ohne dass ich eines von den Servicemädels abschleppen konnte. Lag allein im Bett, als ich das Schnurlose zur Hand nahm, das zum Sinus-Paket der Telekom gehörte. Nahm ab.

»Schwarz, Sparkasse Hamburg! Gut, dass ich Sie erreiche.«

Der Schwarz war ein guter Kerl, kannte den seit 15 Jahren, seit ich aus der norddeutschen Provinz nach Hamburg gezogen war. Aus sentimentaler Verbundenheit hatte ich mein Konto bei ihm selbst nach meinem Umzug in die Hauptstadt behalten.

»Guten Morgen, Herr Schwarz. Was gibt's?«

»Bader, wir müssen über dein Konto sprechen. Du hast deinen Dispo überzogen, weit überzogen!«

Schwarz gab unserer geschäftlichen Beziehung einen persönlichen Touch, indem er mich seit geraumer Zeit duzte. Natürlich, ohne mir das Du je angeboten zu haben. Er hatte sich das vor ungefähr vier Jahren angewöhnt, als ich begonnen hatte, zigtausende Mark auf meinem Konto anzuhäufen. Hatte er mich sogar jedes Jahr zu meinem Geburtstag angerufen: »Herzlichen Glückwunsch, noch eine kleine Anlage vielleicht?« Diese Zeiten waren nun jedoch vorbei, seine Stimme sang ein vorwurfsvolles Lied, ein Lied, das kein Liebeslied war.

»Wo liegen wir denn?«, fragte ich.

»Bei 18.000 in den Miesen und du hast einen Dispo bis 15.000.«

3.000 im Minus, machte ihm gleich Hoffnung: »Kommen noch ungefähr 10.000. Schätze mal in drei Wochen.« Das Honorar von der Schweden-Geschichte, mehr hatte ich nicht zu bieten. Wenn sie bloß einigermaßen pünktlich bezahlen würden.

Schwarz wohnte in Quickborn und hatte null Ahnung vom Werbebusiness und von meinen Problemen, die nicht weniger wurden, selbst, als er mir vier Wochen Frist gab, um das Minus auszugleichen.

Termin bei Krauthahn, dem dienstältesten Jaguar-Händler in Berlin, wollte meine Katze durchchecken lassen. Alles okay, bis auf die beiden Katalysatoren, die in der doppelflutigen Auspuffanlage steckten und Schwerstarbeit verrichteten, um den enormen CO_2-Ausstoß des 311-PS-Monsters zu reduzieren. Der Zwölfzylinder war eine beeindruckende Maschine, eine Ikone englischer Ingenieurskunst, seidenweicher Motorlauf, keine, absolut keine Unwucht, im Innenraum hast du nichts gehört, nur gespürt: die unglaubliche Kraft dieses Triebwerks. Leider auch die Hitze, die so ein Kraftwerk produziert. Sobald die Außentemperatur über zwanzig Grad stieg, war die Klimaanlage einzuschalten, die natürlich eine Klimaautomatik war. Einmal die gewünschte Temperatur eingestellt, schon wurde sie konstant gehalten, egal was draußen passierte. Von einer manuellen Klimaanlage ist dringend abzuraten, die kennt nur zwei Zustände: *Aus* und *Ein*. Eingeschaltet bringt die nur was, wenn man sämtliche Lüftungsdüsen öffnet, durch die dann quasi Eiswürfel in den Innenraum geschossen werden. Der Körper ist diesem Angriff schutzlos ausgesetzt und reagiert gern mit einer heftigen Erkältung mitten im Sommer. Eine Klimaautomatik fächelt dagegen fein dosiert angenehm kühle Luft an allen empfindlichen Körperregionen vorbei. So konnte ich's mir in einem wohltemperierten Salon gemütlich machen.

Nein, wirklich problematisch waren die sensiblen Katalysatoren, die am Ende des Zwölfzylinders natürlich enorm unter Druck standen. Weil Henk Bader mit seiner Großkatze meist im Stadtverkehr unterwegs war, konnten die Kats der Katze nie richtig durchatmen und waren schneller als gewöhnlich am Ende. Kostenpunkt: etwa 1.600 Mark, plus Arbeitskosten. Obendrein leckte die Servolenkung. Bei 'nem Golf ein Makel, mit dem man leben kann. Bei einem Jaguar XJ12, der auf den ersten Blick grazil wirkte, aber ziemlich genau 2.000 Kilogramm auf die Waage brachte, war Handlungsbedarf angesagt, da er ohne Servounterstützung nahezu unlenkbar war. Machte alles zusammen etwa 3.000 Mark. Ein solventer Creative Director zahlte das mit links. Für einen pleitegefährdeten Burn-out-Patienten war das allerdings ein Hieb mit dem Vorschlaghammer. Und das Ende der Liebesbeziehung zu seinem Jag. Musste dieses Tier von Auto loswerden, egal wie, egal wie schmerzhaft die Trennung auch sein mochte. Noch ein Verlust! Allein der Gedanke, bald auf diesen *Genuss* verzichten zu müssen, trieb mir die Tränen in die Augen.

Eine Anzeige aufzugeben erschien mir überflüssig, im *neuen* Berlin gab es genug Leute, die scharf auf einen Jaguar waren. Besonders auf einen, der in seiner Konfiguration so perfekt war wie meiner.

Fand irgendeine Vernissage in der Galerie im Haus statt, machte sich zum späteren Abend gern Partystimmung mit entsprechendem Lärm breit. War es irgendwann zur dummen Angewohnheit geworden, dass bei jeder Gelegenheit ein DJ auflegte, war geradezu eine Seuche. Ob Klamottenladen, Szenebar oder sogar Friseur – plötzlich sah man überall dünne, obercoole Gestalten hinter Mini-Pults, auf den Ohren grotesk große Kopfhörer. Orte der Ruhe bekamen Seltenheitswert, die Menschen brauchten offensichtlich die ständige Zufuhr von Geräuschen, Lärm, Musik.

Am Ende einer dieser Vernissagen, zu denen ich als Bewohner des Hauses automatisch eingeladen war, hatte ich zwei ernsthafte Interessenten gefunden, die sich bei der Leasing-Gesellschaft bewerben würden. Der bekannte Gastronom Bonnie fiel wenig später durch die Bonitätsprüfung, irgendwas mit einer Handyrechnung, versuchte er, seine mangelhafte Kreditwürdigkeit herunterzuspielen. Den Zuschlag – und damit die Schlüssel zur Welt eines Zwölfzylinders – bekam Alexander Bormann, Geschäftsführer der relativ frischen, aber bereits ungemein erfolgreichen Kreativagentur Zuhause (aufgrund der unbarmherzigen Arbeitszeiten nannte man sie in der Branche bald »Zuchthause«). Die machten lustiges Zeug. Zogen mit einer Parfümerie-Kette sogar einen richtig dicken Fisch an Land. Am Ende kam der Slogan »Come in and look good« heraus. Na ja, auch sie machten damit die Erfahrung, dass ein Kunde, der seinen 45-Millionen-Etat einer Kreativagentur anvertraut, zwar deren angesagten Ruf schätzt, aber im Allgemeinen wenig Humor besitzt. Die Auszeichnungen durch einschlägige Kreativwettbewerbe holten sie sich dann mit witzigen Kampagnen für kleine Kunden, wie einen Hutsalon in Mitte. Ich kannte den Bormann noch aus Hamburg, sympathischer Typ ohne Wichtigtuerallüren, der sich nach den ersten Erfolgen was gönnen wollte. Na, immerhin kam die Katze in gute Hände.

Und nun? Die Nutzung öffentlicher Verkehrsmittel war für mich undenkbar, diese Menschenmeute! Traurig und hässlich, beschmierte und stickige Züge, am deprimierendsten waren für mich die Leute, die auf einen Bus warteten. Bei jedem Wetter standen sie am Straßenrand, warteten und warteten, mussten zusehen, wie Menschen mit höherem Einkommen – geschützt im privaten Raum – in ihren Autos vorbeifuhren. Noch war meine Bonität unbefleckt, hatte eine weiße Weste bei der Schufa, musste mir das nicht zumuten.

Surfte durch die Anzeigenbörse *mobile.de* und entdeckte einen 91er Saab 900 turbo, schwarz mit cremefarbenem Leder. Stand bei einem Händler aus Berlin, Schönhauser Allee, »Finanzierungen aller Art, auch in schwierigen Fällen«.

Am nächsten Tag wurde ich vorstellig, eine Brache zwischen zwei Häuserblocks, der übliche Maschendraht zog sich um den mit grobem Kiesel bestreuten Platz, auf dem etwa dreißig Autos standen, die Hälfte davon Saabs älteren Baujahrs. Diese irgendwie schrägen und nonkonformistischen Fahrzeuge – allen voran der legendäre erste 900er, gebaut von 1978 bis 1994 – hatten eine eingeschworene Fangemeinde. Seit einiger Zeit zählten auch die sogenannten Kreativen dazu, die sich wie die Karnickel in Mitte und Prenzlauer Berg vermehrten. Eine schlaue Entscheidung des Händlers, sich hier anzusiedeln und sich auf den knorrigen Schweden zu konzentrieren.

Wie auf jedem Gebrauchtwagenplatz befand sich auch hier in der hintersten Ecke ein weißer Standardcontainer, der als Büro diente. Ich stieß auf zwei verschlagene Gestalten, offensichtlich Deutsche, aber durch und durch Gebrauchtwagenhändler und keine Saab-Liebhaber. An einer Wand hing ein Bild, das den neuen Star am Regie-Himmel bei der Unterzeichnung eines Kaufvertrages zeigte. »Hat einen Turbo für seine Freundin gekauft«, erzählte mir der kleine Gedrungene von den beiden nicht ohne Stolz. Sofort boten sie mir eine Probefahrt mit meinem Wunsch-Saab an, sie verlief ohne Probleme.

Ihre Hausbank, die Bank Deutsches Kraftfahrzeuggewerbe, genehmigte meinen Kreditantrag augenblicklich, schon am nächsten Tag konnte ich den Saab abholen.

Ich freute mich, der S-Bahn noch mal entronnen zu sein, und wartete die erste Zahlung der Krankenversicherung ab. Mein Vertrag sah 150 Mark Tagegeld vor, konnte also mit etwa 4.500 Mark im Monat rechnen. Gut, nicht wenig Geld, aber das Penthouse kostete inklusive Garage 1.780 Mark im Monat, Versicherungen aller Art obendrauf, nicht zu vergessen der Kredit, den ich seit der Trennung von meiner Freundin am Hals hatte. Putzfrau, essen gehen, die Mädels – das kostete alles und zwar nicht zu knapp!

Bei der Stockhusen-Wildberg bekam ich mehr und mehr das Gefühl, auf der Stelle zu treten. Ihre kalte, fast abweisende Art führte nicht gerade dazu, dass ich mich öffnete, ich meine, man sollte doch auch einen Draht zu seinem Therapeuten haben. Merkte sie und schlug eine Analyse vor. *Analyse!*

»Worin liegt der Unterschied zur Gesprächstherapie?«, fragte ich alarmiert und neugierig zugleich.

»Bei der Analyse arbeiten wir mit Ihrem Unterbewusstsein. Ich bin überzeugt davon, dass Ihre Konflikte viel tiefer liegen.«

Tiefer? Für mich schwammen die Konflikte ziemlich sichtbar an der Oberfläche: der Job, der mich krankmachte, das Geld, das mir ausging, die Angst, die allem folgte. Manchmal, ich saß gemütlich im Restaurant, stieg überfallartig eine Hitze in mir auf, die ich mit konzentrierter Atmung zurückzudrängen versuchte. Immer vergebens. Nach wenigen Minuten rann mir der Schweiß von der Stirn, hatte das Gefühl, in mir läuft eine Sauna auf Hochtouren. Schnell bezahlen und flüchten.

Gut, vielleicht hielt die strenge Herrin ja noch ein überzeugenderes Argument bereit. »Was würde sich bei einer Analyse gegenüber der jetzigen Therapie denn ändern?«

»Nun, Sie kommen nicht alle acht bis zehn Tage, Sie müssten dreimal die Woche erscheinen. Sie liegen dann auf der Couch dort hinten, ich höre Ihnen in erster Linie aufmerksam zu, bei entscheidenden Punkten frage ich nach.«

»Dreimal die Woche«, seufzte ich.

»Ach ja, und Sie sollten sich auf eine Behandlungsdauer von anderthalb Jahren einstellen, mindestens.«

Anderthalb Jahre in diese finstere Kathedrale, zu dieser Gouvernante, danach würde ich doch fertiger sein als je zuvor. Ich bat um Bedenkzeit, wobei meine Antwort feststand: Niemals!

Holte mir bei der Sportskanone von Arzt regelmäßig meine Krankschreibung ab und erschien bald nur noch sporadisch bei der gestiefelten Lady. Nahm sie hin, wollte in erster Linie Geld sehen. Schrieb ihre Rechnungen (»Sie zahlen nicht bar?«) auf einem Quittungsblock, den ich in seiner ganzen Schlichtheit bisher in Handwerksbetrieben und Autowerkstätten gesehen hatte. Meine Krankenversicherung wollte die Zettel partout nicht anerkennen, war langsam richtig pleite.

Ging schließlich gar nicht mehr hin. Auch egal. Trieb mich nur noch im Bermudadreieck zwischen Rosenthaler, August und Oranienburger rum. Hatte da mittlerweile einen Stammitaliener, eine Stammbar, das Kensington, und natürlich meinen Rolf, bei dem ich zum inneren Kern der Stammkundschaft zählte. Schleppte von Woche zu Woche mehr Flaschen nach Hause, was er als Geschäftsmann kommentarlos zur Kenntnis nahm. Umsatz war Umsatz.

Von Constanze und Jean hörte ich gar nichts mehr, Nele mailte ab und zu, ihr Freund war aus Australien zurück, entsprechend langweilig und uninteressant waren ihre Nachrichten. Im Kit Kat Club vergnügte ich mich noch ein paar Monate, es blieb jedoch meistens beim Runterholen auf irgendwelche Techno-Stücke, oft schlief ich danach ein oder taumelte durch die geile Meute, bis sie mir eine Auszeit nahelegten. Immerhin kein endgültiger Rausschmiss, war mir gelungen, die Sympathie der Chefin zu erlangen – der härtesten Türfrau ganz Berlins. Diese Fetisch-Leute hatten überhaupt ein großes Herz, zeigten eine nahezu grenzenlose Toleranz, die verstanden mich besser als die Stockhusen-Wildberg. Aber so ganz ohne Sex fehlte mir was, wurde ich doch mit jedem Glas geiler.

Natürlich hatte ich längst die Nutten auf der Oranienburger registriert, wie sie dastanden: arschknappe Röcke, glänzende Nylons und Empire-State-Plateaus, meterlange Haare in Platinblond oder Glanzschwarz, makellose Körper – griffbereit! War so weit, wollte eine von denen, kam mit genug Gin Tonic im Blut aus dem Kensington, wild entschlossen.

Allein als Mann unterwegs, musst du dir schon viel Mühe geben, hier *nicht* beachtet zu werden. Eigentlich stehen sie an der Straße, es kommen genug Kunden mit dem Auto, aber sobald sie einen einsamen Fußgänger entdeckt haben, springen sie blitzschnell auf den zu: »Na, willst nicht mitkommen?« – »So allein, da kann ich helfen!« – »Hey du, komm doch mal her!« Man muss gar nichts mehr tun, sie bauen sich vor dir auf, stellen den Weg zu, kannste deinen Willen abmelden. Aber wenn sie so ganz nah vor dir stehen, fallen doch einige Makel auf: zu alt, Gesicht mit Permanent-Make-up zugespachtelt wie eine rissige Wand, bisschen pummelig, aus dem weißen Body quillt überall überschüssiges Fett raus, knarzige Stimme wie die letzte Fünf-Mark-Nutte auf Sankt Pauli. Musste dir die besten Happen rauspicken – wie auf dem Wochenmarkt. Musst dich durchkämpfen, die sind hartnäckig und verlieren bisweilen fix ihre Freundlichkeit, wenn du nicht willig bist. »Hau doch ab, schwule Sau! Besoffenes Arschloch!«

Ich ging ungerührt weiter, bis ich was Passendes gefunden hatte: nicht zu groß, ehrliche Freundlichkeit – wie ich glaubte – im hübschen Gesicht und ganz in weißem Lack mit dunkler Strumpfhose. »Na, bleibste mal stehen?«

Tat ich, sie stellte sich als Mandy vor, was sogar stimmen konnte. Berlinerte mich an. Ich bekam sofort einen Steifen. Was ich wollte, na ja, dies oder das, wie viel Geld ich hätte. Sechzig Mark log ich.

»Na, dafür gibt's nur einmal Blasen im Park.« Sie meinte den Monbijoupark gleich gegenüber.

Dieser perfekte Mund! Dieses Lachen! Das ganze geile Weiß! Geblendet davon, fummelte ich auf dem Weg zum Park schon bisschen rum, die Hotpants, die Strümpfe, die Stiefel, alles wollte ich anfassen. »Nicht so stürmisch, junger Mann!« Immer wieder lief sie meinen geilen Grapschereien davon.

Fanden wir eine freie Bank, legte sie sofort los, ihren Kopf auf meinem Schoß. Kam mir komisch vor. Na, die bläst dir doch keinen, die holt dir nur ganz stumpf einen runter, auch noch in einem Standardkondom, in dem du an deinem Schwanz ungefähr so viel spürst wie in einem Frotteehandtuch.

Merkte, wie mein Steifer verkümmerte, und protestierte. Dann wurd mir auch noch übel, ein paar Gin Tonic zu viel. Rutschte von der Bank und kämpfte mit meinem Schmerz.

Rappelte mich wieder auf, war die geile Mandy verschwunden, meine Geldbörse auch. Die sechzig Mark waren gelogen gewesen, mochten ungefähr hundert drin gewesen sein, plus

EC-Karte, plus drei Kreditkarten. Alles weg. Henk Bader saß mit heruntergelassener Hose und Kondom über seinem kümmerlichen Schwanz auf einer Parkbank und verfluchte seine implodierende Existenz. Mandy sollte unauffindbar bleiben.

Nach Hause, noch ein paar Gläser Fernet kippen (was anderes war nicht da), in einen Koma-ähnlichen Schlaf sinken. Feierabend. Aus und Ende. Es musste was geschehen. Und zwar schnell.

DRITTES KAPITEL

Onkel Doktors Hütte

---

letzten weit Alternative
Pillen Gelben
fette Zweifel gesagt
ziemlich dringenden Rest
Gelbe immer Wunsch
frei Seiten Verbrecher
Willen einfach
Bett hinzulegen konnten
nehmen kämpften Telefon
wirksamen Todesengel Charité
Anzeige
Grunewald-Klinik

Wie sah denn der Bau aus? Jedenfalls nicht wie eine Klinik, eher wie eine Mischung aus prähistorischem Kinderheim und Villa Dunkelbunt, sehr seltsam, bissken unheimlich. Erinnerte mich an *Die Sehnsucht der Veronika Voss* von Fassbinder, wo sie die labile Diva richtig fertigmachen, mit Valium und anderen extrem wirksamen Pillen, die ihr den letzten Willen nehmen.

Hatte ich eine Alternative? In der Charité war nichts mehr frei, der Rest zu weit weg. Ich meine, die Grunewald-Klinik hatte eine ziemlich fette Anzeige in den *Gelben Seiten* und auch noch ein Bett frei, wie sie mir am Telefon gesagt hatten. *Gelbe Seiten* – da konnten die doch keine Verbrecher, keine Todesengel sein, oder? Meine Zweifel kämpften mit meinem dringenden Wunsch, mich einfach nur noch hinzulegen, wo auch immer.

Entschied mich, meine Reisetasche erst mal im Auto zu lassen und die Lage zu peilen. Auf mein Klingeln öffnete mir eine sympathische, sehr agil wirkende Frau von ungefähr sechzig Jahren die Tür. Sie erinnerte sich an unser Telefonat und bat mich mit freundlicher Geste hinein. »Kommen Sie, Herr Bader, hier sind Sie gut aufgehoben.« Na denn …

Mittagszeit. Sie führte mich geradewegs in den Speiseraum, wo an einem riesigen Holztisch etwa sieben Menschen saßen. Was sie auf den Tellern hatten, sah nicht übel aus. Ein schneller Scan der Tischgesellschaft beruhigte mich, schienen alle nicht sediert, futterten mit Appetit. Zwei von denen kannte ich von irgendwoher. Und die Schwarzhaarige mit den Korkenzieherlocken am Ende der Tafel war ausgesprochen attraktiv, schaute mir gleich direkt in die Augen. Na gut, würde ich erst mal hier bleiben. »Unser Koch hat sicher noch ein Essen für Sie übrig.«

Einzig ein riesiges Ölgemälde an der Stirnwand wirkte befremdend auf mich: Berlin im gräulichen Novembernebel mit Krähen im Anflug. Später sollte ich erfahren, dass der Bruder der Chefärztin, na ja, so was wie ein Maler war und wohl Narrenfreiheit dabei hatte, quasi jede Wand der Villa mit seinen wenig Hoffnung ausstrahlenden Gemälden zu pflastern. Seltsam.

Holte meine Sachen aus dem Saab und genoss die hausgemachte Rindsroulade mit frischem Rotkohl. Das Zimmer strahlte in den Farben der Siebziger: giftgrüne Kacheln im Bad, Tapeten wie bei Muttern vor dreißig Jahren. Danach ging's zur Aufnahme-Untersuchung.

»Haben Sie Alkohol getrunken?«, fragte die gut aufgelegte Schwester.

»Äh, na ja, zuletzt reichlich.« Hier wollte ich nur noch die Wahrheit sagen.

»Ich meine, haben Sie heute schon getrunken?«

Zwei Uhr am frühen Nachmittag, also wirklich, nein, natürlich nicht. Warum fragte die das?

»Ach, Herr Bader, wir haben Kunden, die hier zu Mittag mit zwei Promille anrücken.«

Oha, war ja noch nicht völlig am Ende, obwohl ich in den letzten Tagen genau davon überzeugt gewesen war. Gab offensichtlich Kandidaten, die sich noch näher am Abgrund bewegten. Nicht schön für sie, aber in so einem Moment half es ungemein zu wissen, dass ich noch viel mehr in der Scheiße hätte stecken können. Die Welt sah gleich weniger bösartig aus, bereute es augenblicklich nicht mehr, mich für diese Option entschieden zu haben.

Sah gestern noch ganz anders aus, als ich nach der Begegnung mit Mandy und den folgenden Ereignissen gegen Mittag aufwachte, voller Selbsthass und einer Ahnung, warum sich Menschen was antun. Liebte das Leben zu sehr, um bisher ernsthaft mit dem Gedanken an Selbstmord gespielt zu haben. Aber als ich aufwachte und das ganze Ausmaß meines Scheiterns erkannte, war ich fast so weit. Irgendein Automatismus brachte mich dazu, bei allen Banken und Kreditkartengesellschaften anzurufen, um die Karten sperren zu lassen, die eh nicht mehr zu gebrauchen waren. Viel war da für Mandy und ihren stiernackigen Chef also nicht zu holen. Nachdem ich schon mal in der Aufrechten war, entschied ich mich gegen die Selbsttötung und für die Selbstbehauptung und kramte das Branchenbuch raus.

Unter »Psychosomatische Klinik« fand ich in der Millionenstadt Berlin exakt zwei ernst zu nehmende Einträge: die Charité und eine Privatklinik im Grunewald. Natürlich rief ich zuerst in der Charité an, allein dieser Name, dieser Mythos! Sah mich schon vom siebzehnten Stock aus auf Berlin gucken, umhegt und gepflegt von Schwestern, die jung und blond waren und auch Mandy hießen, aber es gut mit mir meinten. Über das Telefon maulte mich allerdings nur eine Schwester Erika an, komplett uninteressiert an meinem Leiden, außerdem wäre – wenn überhaupt – nur was im Zweibettzimmer frei. Hey, Stasi-Erika, ich bin *privat versichert* und habe ein *Recht* auf ein Einzelzimmer! Nichts schien die Drahtbürste weniger zu interessieren als mein Flehen und Bitten, ich redete mit sozialistischem Beton.

Im Grunewald ging eine Frau ans Telefon, die mich mit ihrer Höflichkeit verblüffte und sofort übertriebene Freundlichkeit meinerseits auslöste. Wünschte mir, dass sie meine Mutter wäre. Und zwei Brüste frei hätte, um mich unglückliches Kind zu säugen, mich zu heilen.

Nun nahm mir diese Frau zwei Kanülen Blut ab und ich wollte in sie reinkriechen. Aber in ihrer ganzen Liebenswürdigkeit schwang genug von jahrzehntelanger krankenschwesterhafter Muttiprofessionalität mit, was mich dazu bewog, die Suche nach einer geeigneten Öffnung in ihrem Körper einzustellen.

Egal, ich war nicht mehr auf mich allein gestellt, man kümmerte sich um mich und ich konnte mich fallen lassen. Geschmackloses Zimmer, unzeitgemäßes Bad, aber ein weiches Bett, fallen lassen, einfach fallen lassen.

»In einer Stunde wird unsere Chefärztin, die Frau Professor, bei Ihnen sein und alles Weitere mit Ihnen besprechen.« Frau Professor, oha!

Gut, gut, wartete auf Frau Professor und stellte mir einfach dieses Bett als Kokon vor, als Mutterleibersatz, als einen Ort, wo mir nichts passieren konnte, wo man mich in Ruhe lassen würde, keine Anrufe, keine Jobs, keine Bank, keine Nutte, nüscht und nichts, gar nix von dem ganzen Scheiß! Ich schlief, zum ersten Mal seit Wochen tief und ruhig. Ohne beunruhigende Träume.

Schreckte hoch, als jemand an mir rüttelte, eine feste Hand. War die Hand von Frau Professor. Kaum hatte ich die Augen auf, Moment, erinnerte sie mich an meine Englischlehrerin vom Gymnasium. Baumlang, die grauen Haare streng zum Zopf gebunden, bissken altjüngferlich, aber mit Autorität ausgestattet. War ich doch in einer Besserungsanstalt gelandet? Mit tiefer, aber nicht unfreundlicher Stimme überbrachte sie mir die gute Nachricht, dass meine Krankenversicherung ihre Zustimmung zu meinem Aufenthalt gegeben hatte. Ganz fix und elektronisch. Ungemein beruhigend, was hätte ich nur gemacht, wenn sie den Daumen gesenkt hätten?

»Wir sind eine Akutklinik, Herr Bader, da können die nichts anderes machen, als ihr Okay zu geben.« Aha, Gedanken konnte sie also lesen. »Kommen Sie heute erst mal an, morgen werden Sie Ihr erstes Gespräch mit unserem Therapeuten haben. Dann sollten auch die Ergebnisse der Blutentnahme vorliegen. Ich wünsche Ihnen einen guten Aufenthalt bei uns.«

Abendessen war um 17:30 Uhr, es galt Abschied zu nehmen von der Gewohnheit, erst gegen 20 Uhr ein Restaurant zu entern. Und danach mindestens eine Flasche Wein zu vernichten. Ging einfach so runter, die Gestalten am Tisch gaben keinen Anlass zur Anspannung. Sah alles lecker und reichhaltig aus, was da geboten wurde: Wurst und Käse satt, Salate, diverse Brote, selbst Baguette. Steuerte einen freien Stuhl an und kaum wollte ich mich setzen, wies mich jemand zurecht: »Das ist der Platz von Frau Feldhaus!« Das Gesicht zu der energischen, rauchigen Stimme gehörte einem schmalen, verrunzelten Mann, einem von denen, die ich irgendwo schon mal gesehen hatte.

Mein Hirn ratterte wie eine altertümliche Rechenmaschine, die Rädchen klickten und klackerten, Ergebnis: Bekannt von den Wirtschaftsseiten, Landesbank Berlin, es waren gerade ein paar unschöne Dinge aufgedeckt worden. Das Knittergesicht hatte da eine nicht unerhebliche Rolle gespielt.

»Oh, ich wusste nicht, dass es hier eine feste Sitzordnung gibt.« Versuchte, mich höflich und unwissend zu geben.

»Sagen wir es mal so, Herr Bader: Es gibt ein Gewohnheitsrecht, besonders für Frau Feldhaus.« Erstaunlich, wie Herr geschasster Bankenvorstand selbst in dieser Umgebung seinen Befehlston beibehielt.

Ging zum Ende der Tafel und setzte mich auf den letzten Stuhl. Aber wer, zum Teufel, war diese Frau Feldhaus? Kaum saß ich, kam die Antwort in den Raum, mit dicken Kanülen im Arm – eindeutige Hinweise auf akuten Alkoholmissbrauch. Dieses Gesicht, die dicken, zu einem Zopf gebundenen blonden Haare, erkannte sie sofort wieder: Sie war eine Schauspielerin. Früher eine total gefragte Charakterdarstellerin, in letzter Zeit hin und wieder im TV als, nun ja, gescheiterte Frau zu sehen. Sozusagen die Rolle ihres Lebens. Aber warum »Feldhaus«?

Tags darauf steckte mir ein Stammpatient die Lösung: »Die rückt hier immer mit ihrem Mädchennamen an. Als wenn sie so niemand erkennen würde!« Robert sprach mir aus der Seele, der langhaarige, bezopfte Überlebende aus einer anderen Zeit.

Beim Abendessen an meinem zweiten Tag führte er sich mit einem Paukenschlag in die Gruppe ein, den selbst Klaus Kinski nicht besser hinbekommen hätte. Die versammelte Mannschaft mampfte und schmatzte vor sich hin, als die Tür aufflog und der diensthabende Arzt einen Typen in den Raum führte, der auf mich sofort einen unberechenbaren, aber harmlosen Eindruck machte in seinen schmuddeligen Safariklamotten und knallgelben Sportschuhen. Hatte was von einem exzentrischen Star einer Fußballmannschaft, der seinen Ausnahmestatus mit Schuhen in schreienden Farben zu unterstreichen versuchte. Der letzte freie Platz war mir gegenüber, Doktor Fabiani führte den neuen Patienten wie ein kleines Kind dorthin, schob den Stuhl zurecht und verschwand dann augenblicklich. Wusste er, was kommen sollte? Kaum hatte der schräge Safarimann Platz genommen, blickte er in die Runde, kicherte bissken irr vor sich hin und tunkte seinen Zeigefinger in den Topf mit dem frischen Lachsquark, aus dem sich alle anderen mit einer bereitliegenden Gabel bedient hatten. Der Neue führte seinen quarkbekleckerten Finger zum Mund, schnalzte und lallte dann in die Runde: »Nur zu Ihrer Information: Ich hab Hepatitis C!« Grinste er, leuchtete das seltsame Tattoo zwischen seinen Augen wie eine Warnlampe. Der Rest des Publikums erstarrte wie unter Hypnose. In der Folge versuchte der besoffene Zopf noch ein paar weitere Späßchen, die allerdings sämtlichst in seinem Gelalle untergingen.

Am nächsten Morgen standen wir zusammen auf der Terrasse und rauchten eine, er nuschelte eine Entschuldigung in die Berliner Sommerluft: »Tut mir leid wegen gestern Abend, hatte halt 2,6 Promille, war so.«

Der Alkohol mochte seinen Körper inzwischen verlassen haben, ansonsten hatte sich an ihm nichts verändert: Dieselben Safariklamotten, der Zopf war auch noch da, ebenso sein leuchtend gelbes Paar Sneaker.

»Bin Henk, hallo.«

»Robert, grüß dich.«

Starrte mich wieder dieses Ding zwischen seinen Augen an, identifizierte es als ein Auge, ja, so was musste es sein. »Hey Robert, was ist das zwischen deinen Augen?« Drei Augen zoomten mich.

»Vor fünf Jahren in Pakistan. Um zu überleben, brauchte ich dieses Tattoo. Gab natürlich keinen professionellen Tätowierer, schmolzen daher einen Autoreifen und ritzten mir mit einem stumpfen Messer ihr Stammesmal zwischen die Augen. Konnte ich weiterfilmen.«

Filmen? Kam raus, er war ein Dokumentarfilmer, einer von den Wahnsinnigen, die sich quasi ausschließlich in den Kriegs- oder Krisengebieten dieser Welt aufhielten.

»Und warum biste hier?«, stellte ich eine eigentlich überflüssige Frage.

»Mann, erklär mir mal, wie man die ganze unvorstellbare Scheiße aushalten soll? Kommst nach Hause mit Aufnahmen und Erlebnissen, glaub mir, Kinder ohne Köpfe, Menschenmatsch, machste dir kein Bild davon!«

Ich versuchte es.

»Alter, in der *Tagesschau* läuft nur die harmlose, entschärfte Version von dem, was da vor sich geht. Trägst du dein Material zu den Nachrichtenfuzzis, und die, die alten, fetten, auf ihren

Stühlen furzenden Zyniker, die sagen dir ins Gesicht: ›Robert, schönen Dank, zehn Sekunden nehmen wir, den Rest kannste ja ins Internet stellen.‹ Mann, da bleibt einem nur die Flasche.«

Wollte ihm eigentlich was von mir erzählen, aber meine Probleme mit schwierigen Kunden, eitlen Agenturchefs und engen Abgabeterminen schmolzen zu einem Nichts angesichts seiner Erlebnisse. War ich also nur ein Weichei, einer, der schon scheiterte, wenn andere erst loslegten?

Kurz vor Mittag wurde ich zu meinem ersten Gespräch mit Herrn Bastian gebeten, ganz oben rechts in den Turm der Villa, kleine Treppe, dann war ich da. Bastian hatte keine Autorität, also keine natürliche, das sah ich sofort. Er wirkte fast kleinwüchsig, höchstens 1,60 Meter groß, hatte ein rundes Gesicht. Mit seinem weißen Arztkittel versuchte dieser Danny DeVito, wenigstens den Hauch von Eindruck zu hinterlassen.

»Ah, Herr Maack, grüße Sie!«

Maack hatte am Essenstisch links von mir gesessen, ein griesgrämiger Polizist im Vorruhestand, der ein Problem mit seiner Freizeit und der Abwesenheit von Macht und Waffen hatte.

»Entschuldigung, mein Name ist Bader, Henk Bader.«

Bastian schwamm, hechtete hinter seinen Schreibtisch, kramte in einem Stapel von Patientenakten, zog meine hervor und lamentierte: »Ach ja, tut mir leid, die falsche Akte, die Frau Riebesam ist wirklich überfordert ... Hier sind Sie ja. Nehmen Sie doch Platz!«

Eine Liege gab's hier nicht, überhaupt war das Turmzimmer im Vergleich zum rustikalen Speiseraum erstaunlich nüchtern gestaltet.

»Wie geht es Ihnen, Herr ... äh ... Herr Bader?«

»Schlecht, sehr schlecht sogar, mein Leben entgleitet mir gerade.« Die Wahrheit, nichts als die Wahrheit.

»Haben Sie Frau und Kinder?«

»Negativ!«

»Negativ! Hi hi«, kicherte er, schien aber sofort zu merken, dass sein Kichern völlig deplatziert war. »Und wie sieht's finanziell aus?«

»Desaströs.«

»Sie haben also keinerlei Rückhalt, fühlen sich wie im freien Fall.«

»So ist es. Wäre schön, wenn Sie mich zusammenflicken könnten. Wie lange wird das ungefähr dauern?«, fragte ich ihn.

»Tja, so genau lässt sich das nicht sagen, also mindestens ... Moment ich schau mal ... ah ja, Ihre Krankenversicherung hat eine Kostenzusage für vier Wochen erteilt. Ich denke mir, diese vier Wochen werden wir brauchen ... mindestens.«

Vier Wochen in dieser Herberge zum fröhlichen Wahnsinn! Ehrlich gesagt, war mir das ziemlich egal, Hauptsache, ich würde hier wieder aufrecht rausgehen.

»Haben Sie Suizidgedanken?«

Seine Frage erschreckte mich zuerst, war aber gar nicht mal so abwegig, wenn ich an meinen letzten Morgen zu Hause zurückdachte. »Sagen wir's mal so: Es gab einen Moment, vor drei Tagen war das, da konnte ich verstehen, dass sich Menschen was antun.«

»Sie können sich ausdrücken, das gefällt mir.«

Schön, dass dir das gefällt, noch schöner, wenn du mir dazu was Hilfreiches sagen könntest.

Bevor ich gereizt ein Wort sagen konnte, kam er von selbst auf den Trichter: »Was war da vorgefallen? So ein Moment kommt doch nicht von ungefähr.«

Berichtete ihm von den Ereignissen in dieser entsetzlichen Nacht und ihrem noch viel entsetzlicheren Ausgang. Seine

Augen wurden immer größer, je mehr Details ich nannte. Kam mir fast vor, als wenn ihn das scharfmachte, ihm Lust bereitete, als ob er auch mal so eine Nacht erleben wollte, allerdings ohne das entwürdigende Ende.

Er rutschte unruhig auf seinem Stuhl hin und her, sammelte sich dann: »Oha, das ist nicht ohne! Aber Sie sollten wissen, dass wir verpflichtet sind, akut suizidgefährdete Personen der Psychiatrie zu übergeben.«

Das machte mir Angst, überwand den Miniaturschock jedoch schnell und versuchte, möglichst gelassen zu reagieren. »Nun, war nicht mehr als ein Moment, können Sie mir glauben, Herr Bastian!«

»Ja, dachte ich mir schon, Sie sind sicherlich an einem kritischen Punkt, aber kein akuter Selbstmordkandidat.«

Komplett ungefährdet war ich zwar nicht, aber ich hatte ihn genau da, wo ich ihn haben wollte. Wussten diese Therapeuten nicht, wie leicht man ihnen was vormachen konnte? Wo war deren Menschenkenntnis, die antrainierte Fähigkeit, in einen Patienten hineinzusehen? Genau das war es doch, was sie in so einer Situation brauchten. Sie sollten mehr erkennen als man selbst, einen Blick *hinter* die Kulissen von Selbstdarstellern wie mir werfen. Bereits jetzt wusste ich: Ich war ihm überlegen, konnte ihm erzählen, was ich wollte, ein kleines Unterhaltungsprogramm zusammenstellen, das ihn prächtig amüsieren würde. Mit mundgerechten Happen zu seiner Beschäftigung, damit er immer was zu kauen hätte, solange ich ihm gegenübersaß.

Die Klinik war mittlerweile bis aufs letzte Bett belegt. Das Knittergesicht von der Landesbank stellte sich als schwer abhängiger Alkoholiker heraus, der nicht nur absolut humorlos war, sondern auch außerstande, überhaupt irgendwas

Interessantes von sich zu geben. Bekam mal mit, dass ich Jaguar-Liebhaber war. »Wer Jaguar fährt, muss ja immer zwei davon in der Garage haben. Weil einer ständig in der Werkstatt steht.« Solche Plattitüden. Jeden Nachmittag kam seine Frau im – natürlich! – Mercedes vorgefahren, einer S-Klasse, mit der sie selbst in der eigentlich raumbietenden Seitenstraße erhebliche Probleme hatte, gerade einzuparken. Die Vorstandskarosse stand immer irgendwie schief da. Manchmal schaffte sie es sogar, das hintere rechte Rad ungelenk auf den Bordstein zu manövrieren, wo es vor Schmerzen fast schrie.

Der Bastian steckte mir – wider die Schweigepflicht –, dass ihrem Cognac-abhängigen Gatten bereits mehrfach der Führerschein abgenommen worden war, überhaupt wäre der Mann nicht therapiefähig und würde wohl eines Tages final eingeliefert werden, um die Klinik nur noch auf einer Totenbahre zu verlassen. So unterhaltsam es auch war, seine nicht vorhandene Verschwiegenheit bereitete mir Sorgen, warf kein gutes Licht auf ihn. Ich meine, was erzählte der den anderen Patienten von mir? Außerdem kamen wir in unseren Gesprächen nicht voran. Ja, die Familie, nichts zu holen, die gescheiterte langjährige Beziehung, auch durch das Thema, all das Kaugummi aus meiner Vergangenheit wurde wieder und wieder durchgekaut. Es ging nicht voran, mal wieder nicht. Wie beim Landauer, wie bei der Stockhusen-Wildberg, sie dokterten an den Symptomen herum, drangen aber nicht bis zu den Ursachen vor.

Fast drei Wochen waren vorbei, mir wurde langsam langweilig. Na, und weil die Klinik voll war, musste ich Tag für Tag länger auf einen Termin bei Bastian warten. War 12 Uhr angesetzt, wurde es 15 Uhr, war 14 Uhr geplant, kam ich um 17 Uhr dran, als er schon in Feierabendstimmung war. Und was die Sache nicht besser machte: Er wurde zutraulich.

»Na, Herr Bader, wollen wir zusammen eine rauchen?«

Standen am offenen Turmfenster und bliesen den Rauch in den Garten.

»Ach, wissen Sie, gleich fahre ich nach Hause zu Frau und Kind, aber die 15 Minuten im Auto genieße ich ungemein, 15 Minuten morgens und noch mal abends, da kann ich ganz für mich sein.«

So schön die Raucherei auch war, nach diesem Geständnis wurden meine Zweifel daran nicht weniger, ob die Gründung einer Familie tatsächlich der Gipfel der Glückseligkeit war.

Nachdem ich ihm von meinem Kribbeln und der aufkeimenden Langeweile erzählt hatte, hatte er einen Vorschlag parat: »Jetzt sind Sie so weit, können Ihr erstes Belastungswochenende in Angriff nehmen!«

Ein Belastungswochenende bedeutete nichts anderes, als ein Wochenende zu Hause zu verbringen. Wollen testen, wie belastungsfähig man ist, so ganz auf sich alleine gestellt. Warum eigentlich nicht? Constanze wohnte in der Nähe, könnte ihr berichten, was mir so in den letzten Wochen passiert war, und sie bitten, mich nach Mitte zu begleiten.

Rief sie an, voller Hoffnung auf Verständnis.

»Henk, das tut mir alles sehr leid, aber ich bin über die Sache mit uns noch nicht hinweg. Du musst verstehen, ich kann jetzt noch nicht. Aber ich wünsch dir von ganzem Herzen alles Gute, glaub mir!« Dann legte sie auf.

Und ich bekam plötzlich Angst vor dem kommenden Wochenende. Vor den Verführungen, die in Mitte zahlreich warteten, vor dem Alleinsein, eigentlich vor allem.

Fuhr also in meinem Schweden aus dem sicheren, übersichtlichen Grunewald ins wummernde Mitte. Eigentlich meine Heimat, aber hier und heute eine Nutte, die mich verführen wollte und unbegrenzten Zugang zu sämtlichen Rauschmitteln der Welt hatte, Drogen satt und überhaupt.

Gebt mir eine Frau, Kinder, ein Reihenhaus, den ganzen Rotz eines bürgerlichen Lebens, gebt ihn mir, her damit! Gut, ein Mazda-Kombi muss es nicht unbedingt sein, aber vielleicht ein hübsches Mädchen aus liberalem Beamtenhaushalt, bissken experimentierfreudig, von wegen abends auf dem Sofa in schwarzen Nylons und sexy Stiefeln, ja so eines. Meinetwegen auch Kinder, ruhige, die Schäfchen zählen, während die Eltern Sauereien im Wohnzimmer veranstalten.

Aber nein, so würde dieses Wochenende für mich nicht aussehen. Die schwarzen Nylons, die Stiefel, ich bekam sie nicht aus meinem Kopf. Spielten auf *Radio Eins* auch noch Kosheen: *Catch*. Dieser Beat! Schlug mir hart und herausfordernd zwischen die Beine.

Warum war Constanze nur so wenig kooperativ, so unbarmherzig? Offensichtlich gab es noch keinen Nachfolger für mich, da hätten wir doch ein wunderbar saftiges Wochenende verbringen können. Nein, sie zog sich auf die Position der verletzten Frau zurück, nicht zu Spaß bereit, der für alle Beteiligten herrlich unverbindlich gewesen wäre. Dann vielleicht ein echtes Männertreffen. Aber mit wem? Jean als Begleitung würde a) anstrengende Gespräche bedeuten und b) bei der Mädchenjagd etwa so hilfreich sein, als würde man mit Frankenstein losziehen. Björn! Ja, mit Björn würde ein Beutezug durch die Bars nicht nur lustig, sondern auch extrem erfolgversprechend sein. Rief ihn noch aus dem Auto an. Er bohrte erst unangenehm nach, was denn mit mir los wäre, um mir dann wegen zu viel Arbeit (»Hab am Montag eine Präsentation!«) abzusagen. Es sei denn, ich würde nach Hamburg kommen. Ein Ausflug an die Elbe erschien mir jedoch noch gefährlicher als ein Wochenende in Mitte.

Hatte der Henk keine Frau und so gut wie keine Freunde, zumindest keine in der Nähe. Saßen alle in Hamburg, zufrieden mit ihren gut gefüllten Konten und ohne jeden Zweifel an sich selbst und ihrem Weg. Werberfreunde – so zuverlässig wie ein Drogendealer und ebenso verständnisvoll.

Apropos Drogen: Seit ich in Berlin lebte, hatte ich nur einmal Koks gezogen, bei einem In-Italiener. Saß dort lang (Mit wem eigentlich?) und als sie schon die Stühle hochstellten, fragte mich der Sonnyboy aus der Kellnerbrigade, ob ich nicht Lust auf eine Line hätte. Danach ging's noch ins Kensington und da, wenn ich mich nicht täusche, wartete noch eine ganze Armee von Dealern auf erlebnishungrige Nachtschwärmer, die die Nacht endlos ausdehnen wollten.

Wann hatte meine Nase eigentlich den ersten Anschlag auf ihre Schleimhäute erlebt? Moment, das musste irgendwann Anfang der Achtziger gewesen sein. Noch in meiner provinziellen Heimat Elmshorn. Saßen zu dritt bei Bryan, der zu seinem Namen gekommen war, weil er Ähnlichkeit mit Bryan Ferry aufwies, und waren auf dem Sprung zu 'ner Party. Sagte Bryan, der für mich als männlichen Beobachter mehr dem Schlagersänger Freddy als dem Glamour-King Ferry ähnelte, plötzlich: »Darf ich euch einladen?«

Einladen klang für einen notorisch klammen Neunzehnjährigen immer gut. Holte Bryan ein kleines Tütchen raus und schüttete ein weißes Häufchen Pulver auf einen Spiegel. Wusste sofort, was das war, und steckte mir völlig angstfrei den gerollten Fünfziger in die Nase, als ich an der Reihe war. In den ersten Minuten danach fühlte ich gar nichts, dachte schon, dass Bryan uns verarschen wollte.

Meine Erfahrungen mit illegalen Drogen beschränkten sich bis dahin auf etwa ein Dutzend Joints. Beim ersten war ich ebenfalls enttäuscht, stellte sich nahezu keine Wirkung ein. Eines Tages saßen wir dann bei Reggae-Rudy in Hamburg-Eimsbüttel und ein riesiger, trompetengleicher Joint machte die Runde. Nachdem das qualmende, stumme Instrument im Ascher entsorgt worden war, ging von meinem Bauch ein seltsames Kribbeln aus, was bei frisch Verliebten gern unter der Rubrik »Schmetterlinge im Bauch« läuft. Aus mannshohen Boxen groovte *Burning Spear* direkt in dieses Kribbeln, nahm es auf und gab mir das Gefühl, zum ersten Mal in meinem Leben meinem körperlichen Ich entfliehen zu können. Schaute ich vielleicht gerade in mein *zweites Gesicht*?

Dauerte recht lange an und als ich nach Hause wollte und im Auto saß, kam ich mir wie Captain Kirk vor. Das Lenkrad wollte ich wie einen Steuerknüppel hochziehen, um ohne Umwege über störende Straßen direkt nach Elmshorn zu fliegen. Als ich kurz darauf auf der Schäferkampsallee auf dem besten Wege war, aus der Kurve zu fliegen, schaltete sich ein überlebensnotwendiges Notprogramm ein. Suchte mir eine Parkbucht und wartete gut zwei schwindelerregende Stunden ab, bevor ich mich erdnah und entspannt auf den Weg machte.

Mochte nichts, was mir die Kontrolle nahm. Schon gar kein LSD oder Heroin, die im Umfeld meiner älteren Geschwister für schwere Verluste und hässliche Lebensläufe gesorgt hatten. Natürlich hatte ich damals – wie so ziemlich alle in meinem Alter, die nicht in der Jungen Union waren – *Wir Kinder vom Bahnhof Zoo* gelesen und war einerseits glücklich, zumindest nach außen, in geordneten Verhältnissen groß zu werden. Andererseits faszinierten mich dieser kaputte *Berlin-Schick*, das SO36, David Bowie und der Film mit dieser verdammt hübschen Hauptdarstellerin, Natja Irgendwas (Was ist eigentlich aus der geworden?). Irgendwann zu der Zeit hatte mich auch die Faszination für Berlin gepackt, hatte mich verknallt in diese Stadt.

Aber Heroin strahlte mich nicht an, ließ ich schön die Finger von. Kokain dagegen, ich musste schon sagen, das gefiel mir.

Nachdem wir Bryans Wohnung verlassen und die angepeilte Party erreicht hatten, fühlte ich mich im Kopf klar wie noch nie und war – was unerhörte Glücksgefühle in mir auslöste – *komplett angstfrei.* Denn die Angst vor dem Leben, die schien mir angeboren und begleitete mich, seit ich denken konnte.

Ja, irgendwann war es so weit und ich trat die Flucht nach vorn an, der schüchterne, picklige Teenager säbelte sich die Haare ab, zog eine schwarze Lederjacke an und schoss sich als Punk mit Frechheit und Todesverachtung den Weg frei. Funktionierte ganz gut, aber im Hinterstübchen meines Hirns lauerte sie wie eine Giftspinne im Winterschlaf: die Angst, die große, allumfassende Angst vor dem Dasein, die nur mit einer Überdosis Lebenswillen in Schach gehalten werden konnte.

Dachte, mit dem Koks reiche mir das Schicksal ein Instrument, mit dem ich die Tür zu dieser verdammten Angst noch fester zuhämmern konnte. Gefiel mir obendrein das Ritual besonders gut: die Ästhetik des unschuldig weißen Pulvers, die glatte Oberfläche des Spiegels, der direkte Kontakt mit einem Geldschein. Das war um Welten angenehmer als das komplizierte, mühsame Drehen eines Joints und dann die Tabakfusseln im Mund, ekliger Speichel von demjenigen, der das Ding vor dir im Mund hatte. Nein, Kokain roch besser, schmeckte besser, war einfach eine willkommene Medizin.

Noch bevor ich bei Bryan meine erste Begegnung mit dem weißen Pulver hatte, faszinierte mich was an der Substanz. In irgendeinem Kulturmagazin im Fernsehen (das damals noch aus drei Programmen bestand) brachten sie einen Bericht über den Roman *Kokain*, der lange Jahre verboten und nun wieder erhältlich war. Verboten? Weckte natürlich mein Interesse und ich enterte am nächsten Wochenende die Buchhandlung von Wilfried Wahnfried, wie ihn alle nannten – ich glaube, sein richtiger Nachname war Willemsen. Sein Laden lag mitten in der Fußgängerzone von Elmshorn und uns' Wilfried war ein liebenswerter Freak, ein Bücherwurm aus dem Bilderbuch, der auf meine Nachfrage eine seiner buschigen Brauen hob: »Oha, gestern noch verboten, heute schon auf dem Wunschzettel der Jugend! Moment, heute bestellen, in drei Tagen müsste es da sein.« Ich bezahlte und übergab den Abholschein meiner Mutter, da ich die nächsten Tage arbeiten würde. Muttern nahm den Schein ungerührt entgegen und legte mir ebenso ungerührt drei Tage später das brisante Buch in mein Zimmer. Freute mich, fragte mich aber gleichzeitig, wie es angehen konnte, dass ein erwachsener Mensch in fünfzig Jahren noch nie etwas von Kokain gehört hatte. Egal, wollte diese Wissenslücke meiner Mutter nicht unbedingt füllen. Der Roman war nicht halb so brisant, wie sie im Fernsehen taten. Fragte mich, warum der überhaupt so lange Jahre verboten gewesen war. Trotzdem, eine gewisse Neugierde blieb an mir haften.

Und an diesem Abend bei Bryan bekam die Neugierde Nahrung, zehrte den ganzen Abend davon und konnte mit der Mischung aus Klarheit (trotz der fünf, sechs Gin Tonic, die ich getrunken hatte) und zielstrebiger Geilheit (soll ja 'ne Sex-Droge sein) tatsächlich bei einer süßen Schwarzhaarigen landen und sie unfallfrei in mein Bett lotsen. Was ich da mit ihr anstellte und mit welcher Ausdauer, das hatte wirklich neue Qualitäten. In diesem Moment dachte ich, Kokain wäre die beste Droge der Welt! War natürlich der größte Irrtum der Welt.

Sollten noch Zeiten des großen Bibberns und Zitterns kommen, in denen man nicht genug bekommen kann, morgens um sechs die letzte Line zieht, während der nächste Tag erbarmungslos graut. In denen man entsetzliche Stunden erlebt, in denen man sich im Bett wälzt, das Herz rast, es fast aus der Brust springen will. In denen man *unbedingt* runterkommen will, aber nicht kann, kein Schlaf, nur die Panik umklammert einen fest. Ist dieses jämmerliche Theater überstanden und hat man ein paar Stunden dämmern können, lähmt einen am nächsten Tag eine weinerliche Reue. *Was habe ich nur getan?* Und dergleichen Zeug.

Solche Schrecklichkeiten waren an diesem Wochenende zum Glück Jahre her, lagen im Grab verdrängter Erinnerungen. Und die Nacht beim Italiener, nun ja, es war noch eine wüste, aber ungefährliche geworden.

Viele Kontakte hatte ich in Berlin nicht, musste also bei Toni vorstellig werden. Mittlerweile war der Laden ziemlich angesagt und konnte den an den Wänden hängenden Fotos italienischer Filmstars mühelos ein paar Aufnahmen deutscher Prominenter hinzufügen. Die beiden Jungliteraten wurden dort ebenso bewirtet wie das aktuelle Traumpaar des neuen deutschen Films. Die waren ja auch alle erträglich und wussten sich zu benehmen. Schlimm wurde es, wenn die Klatschprominenz laut und polternd den Laden enterte. Ganze Familien mit Kindern, die affektierte Namen trugen: Paris, London, New York und so weiter. Ihr Oberhäuptling spielte in den Achtzigern den Helden in einer Klamotte, die Millionen in die Kinos getrieben hatte. Obwohl er schon jahrelang zum Establishment des deutschen Films gehörte, kultivierte er seine Rolle als langhaariger *Lucky Loser* bis zur Lächerlichkeit. Seine Frau, eine ehemalige Visagistin, war eine von diesen kurzhaarigen, blondierten Turbotussen, ausgestattet mit einer Lache, die an einen Brüllaffen erinnerte. Die Geschmacklosigkeit gipfelte darin, dass sie die beiden halbwüchsigen Töchter wie Rockschlampen kleideten und bei jeder Gelegenheit ins Scheinwerferlicht zerrten. Die kamen nie allein, zogen immer einen Kometenschweif an Claqueuren hinter sich her. Augenblicklich wurde es dann ungemütlich und laut, konntest nur noch fix deine Trüffel-Spaghetti für entspannte zwanzig Mark runterschlingen und den Laden verlassen. Toni war – wie viele italienische Wirte – nicht gerade sensibel und ziemlich prominentengeil, tat daher nichts gegen die unangenehmen Gäste. »Sind gut für Geschäft, seeehr gut für Geschäft.« Jaja, und in die Klatschspalten kommste damit auch noch.

Scheiß drauf, egal, ich wollte einen kontrollierten Exzess, dafür brauchte ich bisschen Koks und die einzige Quelle für mich war nun mal Toni. Erledigte zu Hause das Nötigste und machte mich gegen acht auf den Weg.

Es war Freitagabend, da war Alarm in der Bude, kaum ein Tisch frei. Und dann war ich auch noch allein! Aber wir waren ja in Berlin, Großstadt, da ist es nicht unbedingt ein Makel, wenn man allein erscheint. Toni – auch da ganz Italiener – begrüßte mich ebenso herzlich wie die Prominenz und setzte mich an einen Zweiertisch, ignorierte meinen Wunsch nach der Karte mit den Worten: »Dottore, für diche macke ich ein Menu speziale.« Mir war klar, das würde teuer werden, ungefähr siebzig Mark – nur für mich, ohne Frau, eine Investition ohne große Gewinne. Aber Moment! Wenn er am Ende des speziellen Menüs seinen Dealer als Dessert servierte, würde mein Plan doch noch aufgehen. Hatte meinem Konto noch hundertfünfzig abringen können, für die Rechnung sollte die goldene American Express herhalten, bei denen war ich noch nicht im Verzug.

Siebzig Mark später war ich pappsatt und dank einem halben Liter vom guten Roten in aufgeräumter Stimmung. Als mir Toni zum Abschluss den obligatorischen Grappa »*auffe Hause*« anbot, nahm ich ihn zur Seite und trug mein Anliegen vor. Er grinste wissend und enttäuschte mich nicht: In einer halben Stunde sollte die abendliche Lieferung eintreffen.

Saßen gegen halb zwölf zu viert im Büro: Toni, einer von seinen Kellnern, Eduardo, der irgendwie zum Inventar gehörte, und ich, die gefährdete und eigentlich in Therapie befindliche deutsche Schwermutsseele.

Zwei deftige Lines später war ich draußen, reckte meine Nase in den Abendwind und nahm Witterung auf. Diese Nacht würde mir gehören, war bester Laune, die Girls konnten kommen, ich war zu allem bereit. Nur nicht dazu, keine Dummheiten zu begehen. Steuerte zuerst das Kensington an, cool und weiß wie immer, allerdings wenig Aussicht auf *echten Spaß*. Am Tresen nur die altbekannten Wichtigtuer, in der Lounge-Ecke tummelten sich quasi geschlossene Gesellschaften, viele Pärchen. Hier war nichts zu holen, nach einem Gin Tonic hatte ich genug und verließ den hippen Ort.

Wohin jetzt? Nein, nicht zu den Nutten, wenngleich ich inzwischen vier Nasen gezogen hatte und entsprechend spitz war. *Nein, nicht zu den Nutten.* Zwei Ecken weiter wartete das Tasty Tornado, 'ne Mischung aus Bar und Club, besonders beliebt bei Touristen, und ich hoffte auf ein paar erlebnishungrige Mädchen aus Europa und Übersee. Wurde nicht enttäuscht, der Schuppen war gut gefüllt, kaum Gruppenvolk, so gut wie keine Pärchen. Ha, Henk, von dem Kuchen fällt bestimmt ein leckerer Krümel für dich ab! Kaum gedacht, saß ich an der Bar neben zwei knusprigen Croissants aus Frankreich, irgendwo ausm Süden, aber immerhin des Englischen mächtig. Meine Französischkenntnisse stammten aus vier Jahren Schulunterricht und das war schon bissken her. Aber ich erinnerte mich noch gut an damals, hatten eine Partnerschule in Frankreich und jeder einen Brieffreund oder eine Brieffreundin gehabt. Freute mich über meine Marianne, die gar nicht mal übel aussah und tatsächlich für eine Woche nach Deutschland kam. Versuchte, in den wenigen unbeobachteten

Momenten mit ihr zu fummeln, aber sie zierte sich wie eine amerikanische Puritanerin. Nix mit *La Boum*.

Auch im Tornado blieben mir die französischen Delikatessen verwehrt, nach kurzem Smalltalk verschwanden sie im wogenden Meer der Tanzenden, später sah ich sie mit zwei Jungs, die halb so alt wie ich sein mochten. Bevor sich meine Laune verfinsterte, fand sich neben mir eine attraktive Brünette mit langen Haaren ein, die deutlich gesprächiger war als ihre französischen Vorgängerinnen. Ah, sie kam aus Kanada! Vielleicht doch noch was mit *l'amour*?

»No, no, I'm from Vancouver. Hi, I'm Jane.« Sweet Jane from Vancouver! Wie ich gelesen hatte, war ihre City gerade zur lebenswertesten Stadt der Welt gekürt geworden. Man konnte sich natürlich über den Sinn solcher Rankings streiten, als Aufhänger für ein Gespräch war so was aber Gold wert. Einzig Janes extrem knoblauchhaltiger Atem war eine Zumutung. Sollte ich ihr ein Glas Milch bestellen? Haha, nur ein Witz, haha – sicher einer, der nicht gut ankommen würde. Zum Glück rauchte und trank sie ordentlich und bald stach der Geruch nicht mehr ganz so penetrant in der Nase. Apropos Nase, ich weiß nicht, wie es dazu kam, aber plötzlich waren wir beim Thema: »Do you have some cocaine?« Konnte und wollte diese Frage nicht verneinen, löste sie doch eine sofortige Erektion bei mir aus. Einigten wir uns, zusammen eine zu ziehen.

Die Kabine im Männerklo bot den unschätzbaren Vorteil einer Fensterbank. Nichts ist ekliger, als das schöne weiße Pulver auf einem ranzigen, von vielen abgelegten Kippen braunfleckigen Spülkasten zu verteilen. Oder auf dem Klodeckel, von dem niemand weiß, wann er zuletzt geputzt wurde und wie viel Urin schon darübergelaufen ist. Eine Fensterbank ist frei von menschlichen Ausscheidungen und gibt einem nach dem Abwischen mit Papiertüchern zumindest die Illusion von Reinheit.

Nach der ersten Line wurde es entspannter zwischen uns, nach der zweiten gingen wir an der Bar schon bissken auf Tuchfühlung und vor der dritten fragte sie: »You pay the drinks, you give me cocaine, so what's the price?«

War verblüfft von derartig direkter Ansprache, erholte mich schnell und antwortete: »Little bit of fun?«

Nahm sie mich bei der Hand wie den ersten Jungen in ihrem Leben, ich grinste glücklich und freute mich auf eine gemeinsame Nacht mit der schönen Fremden aus Übersee. Doch statt nach draußen zog sie mich wieder ins Männerklo. Und kaum in der Kabine, nestelte sie an meiner Hose, zog sie runter und nahm meinen Schwanz in ihre Hand. Hey, sweet girl, jetzt doch noch nicht! Haben alle Zeit dieser Welt, noch'n Linechen, dann gehen wir zu mir nach Hause, machen's uns golden und gemütlich. Im Kit Kat Club war ich auf den Geschmack gekommen, fand lecker verpackte Frauen viel erotischer als die pure einfallslose Nacktheit und hatte daher vorgesorgt: Ein Fach meines Kleiderschranks war voll mit schwarzen Nylons, High Heels, Netzbodys und anderem scharfen Zeug. Malte mir schon die ganze Zeit aus, was Jane wohl am besten stehen und mich am geilsten machen würde. Nun das: Stumpfes Gewichse, sie nahm ihn noch nicht mal in den Mund. Immerhin kam er in Schwung und ich dachte mir: Lass es geschehen, besser wird's heut nicht mehr.

Nachdem ich die Wand der Kabine vollgespritzt hatte, nahmen wir noch eine, dann presste sie beide Hände gegen meine Brust, um für ein wenig Abstand zu sorgen. »Sorry, but my boyfriend is waiting in the hotel.« Sie nahm die Hände weg, zog mich ran und schob mir ihre Zunge in meinen staunenden

Mund. »Sorry, sorry, you're so ... so nice and handsome, but I've got to go now.«

Schon war sie verschwunden und der liebesbedürftige Henk blieb mit heruntergelassener Hose einsam wie zuvor in der Toilette des Tasty Tornado zurück. Vom nordamerikanischen Tornadogirl verlassen, wischte ich im Automatikmodus das Ergebnis unserer mikrokurzen Liaison von der Wand und setzte mich zurück zu meinem Gin Tonic an die Bar. Ging's wieder los, spürte sie, wie sie ihren schweren Arm um mich legte und mir mit schimmeligem Atem, gegen den die Knoblauchfahne von Jane feinstes Parfüm gewesen war, ins Ohr flüsterte: Hey, Henk, ich bin's, deine Lebensangst. *Ich* bleib dir wenigstens treu.

Scheiß auf deine Treue! Verdammt, war so knapp, so dermaßen knapp, fast hätt ich sie mit nach Hause genommen. Wär so schön, so dermaßen schön geworden.

Ach, Henk, du Träumer, mein unverbesserlicher Romantiker! Vergiss diese Flittchen, sind doch schneller weg, als sie kommen. Ich, also, ich bleib gern das ganze Leben bei dir!

Diese Pest von Angst ließ mich einfach nicht los, verdarb mir die ganze Nacht. Nahm die letzte Nase und verließ den Laden schleunigst, immer meine treue Begleiterin im Nacken. Wohin jetzt, was jetzt? *Nicht zu den Nutten, nein, nein, nein!* In dieser gleichzeitig aufgekratzten wie niedergeschlagenen Stimmung nach Hause? Ins Bett gehen, sich wie blöd herumwälzen, im Sud der Sehnsucht wieder mal erkennen, dass man nichts tun kann gegen die Macht der Wirklichkeit? Sah mich schon heulen, bitten, flehen und kämpfen. Von wegen Belastungswochenende – war so belastbar wie eine Seifenblase!

Moment, die im Grunewald warben doch damit, dass sie eine *Akutklinik* waren, 24-Stunden-Notaufnahme. War also ständig jemand vor Ort, der einem die Tür aufmachte. Gut, heut Nacht würde sich die Tür für mich öffnen: Hallo, ich bin's, schon drei Wochen bei Ihnen, bisher ohne jeden Erfolg.

Duschte eiskalt, putzte mir die Zähne und schmiss eine gehörige Menge Pfefferminz ein.

Kurz vor halb vier klingelte ich und war überglücklich, dass mir Schwester Elke die Tür aufmachte und keine überflüssigen Fragen stellte. Sich im Klinikbett zu wälzen war die reinste Wonne, hätte jederzeit klingeln können, wär Elke mit einem wunderschönen und wirksamen Beruhigungsmittel gekommen. So wie diese Leibärzte der Rockstars, die ihren Patienten nach tagelangem Koksrausch mal eben eine Riesenspritze Valium samt Extraportion Vitaminen verabreichen.

Träumer, du! Bist kein Rockstar und Elke ist nicht deine Leibärztin.

Aber allein die Anwesenheit von möglicher Hilfe und die Abwesenheit einsamer Verzweiflung brachte mich in den Schlaf.

Vertrödelte den Rest des Wochenendes mit Ergometer-Training (»Bewegung, Herr Bader! Bewegung ist gut gegen Depressionen!«) im winzigen Fitnessraum, der das zweite Turmzimmer ausfüllte und den Charme einer Turnhalle aus den Sechzigerjahren versprühte. Stellte sich mir die Frage: Wie gut tut mir Bewegung in einem depressiven Umfeld?

Nicht ganz so stumpfsinnig waren Spaziergänge durch die ruhigen, sauberen Straßen der Reichen. Beobachtete, wie sie am nahegelegenen See ihre gutmütigen Rassehunde ausführten, und warf verstohlene Blicke auf ihre wohlgeratenen, oft traumhübschen Töchter, die in engen und sündteuren Markenjeans über die Wege teentänzelten.

Vergiss es, Henk! Haste nicht den Hauch einer Chance, du bist zu alt, zu abgebrannt, spielst weder Golf noch Tennis und siehst selbst im schmeichelhaftesten Licht nicht annähernd wie Brad Pitt oder Tom Cruise aus. Im Übrigen auch nicht wie der hübsche Jungliterat. Vergiss es also.

Nicht vergessen wollte ich meinen Termin am Montag beim kleinen Bastian. War wild entschlossen, ihm von meinem Wochenende zu erzählen, in *allen* Einzelheiten, kein noch so winziges Detail wollte ich dem Mann vorenthalten. Wollte endlich *Antworten und Lösungen*! Hatte mitbekommen, dass sie jede Woche von meiner Krankenversicherung 1.500 Mark kriegten, für die Chefarztbehandlung und den Therapeuten noch was obendrauf. Ich meine, dafür konnte ich Antworten und Lösungen bis ans Lebensende verlangen. Montagstermin war für 11 Uhr angesetzt, musste dann wieder ellenlang warten und saß erst um vier am Nachmittag in seinem Turmzimmerchen.

»Ach, Herr Bader, tut mir leid, dass Sie warten mussten. Sie glauben ja gar nicht, was heute Vormittag hier los war! Ein Notfall nach dem anderen. Aber nun zu Ihnen, wie war Ihr erstes Wochenende zu Hause?«

Notfälle? Was kann ich dafür, sollen sie doch einen zweiten Therapeuten einstellen. Und überhaupt: Genau genommen war ich doch auch ein Notfall, *immer noch* ein Notfall, der es richtig nötig hatte! Vermutete, dass sie hier in erster Linie dran interessiert waren, den Laden voll zu bekommen. Da fast täglich jemand ging, waren sie also ständig mit der Belegung der Betten beschäftigt. Frau Professor schaute jeden Tag für höchstens fünf Minuten vorbei und ließ dann sensationelle Weisheiten vom Stapel: »Herr Bader, Alkohol und Drogen sind nicht gut für Sie! Diese Dinge verstärken Depressionen nur noch.« Aha! Noch besser ihre emphatische Meinung über die Patienten in ihrer Klinik: »Ach, wissen Sie: Das ist doch hier wie Urlaub für die. In spätestens einem Jahr stehen die wieder vor der Tür.« Schöne Meinung haben Sie da von Ihren Patienten, fühlte mich augenblicklich auch wie *die*.

»Mein Wochenende war eine Katastrophe. Bin schon in der ersten Nacht wieder hier aufgeschlagen, betrunken und bekokst. Fühlte mich einsam und allein. Ich meine, mir hat eine kanadische Frau im Klo einer Bar einen runtergeholt, aber das wollte ich gar nicht. Ich wollte, dass sie mit mir nach Hause kommt und wir am nächsten Morgen gemeinsam aufwachen.«

»*Einen runtergeholt? In einer Bar?* Mensch Bader, was Sie nicht alles erleben! Nun erzählen Sie mir mal alle Einzelheiten.«

Spürte, dass ihm der Speichel tropfte. Der wollte, dass ich ihn geil machte mit meinen Erlebnissen, damit er am Abend eine Fantasie hatte, um in seine Alte abspritzen zu können. War ich hier als Patient oder als Showmaster, der das Publikum – also den ausgetrockneten Bastian – mit geilen Geschichten unterhalten sollte? Weigerte mich, ins Detail zu gehen, ging stattdessen in die Offensive.

»Herr Bastian, ich hab es wieder getan und war kurz davor, erneut abzustürzen. Ich habe keinen Halt, geben Sie mir einen! Außerdem hab ich das Gefühl, dass mir meine Tabletten so gar nicht mehr helfen.«

Blickte er mich ein wenig enttäuscht an, Mist, keine geile Fantasie, stattdessen Arbeit. Hörte sein inneres Seufzen. »Herr Bader, ich habe einen Verdacht, einen konkreten sogar. Ach was, ich bin mir sicher, Sie sind ein Bipolarer. Ja, genau, Sie sind ein Bipolarer!« Schlug er sich auf die Schenkel ob seiner genialen Diagnose, hüpfte auf seinem Drehstuhl herum und war kurz davor, durch die Decke katapultiert zu werden.

Bevor er endgültig abhob, wollte ich die Frage in meinem Kopf artikulieren: »Entschuldigen Sie, Herr Bastian, aber was ist ein Bipolarer?« Wollte wissen, was ich nun sein sollte und was ihn zum Springteufel machte.

»Früher nannte man das manisch-depressiv, heute bipolar. Zwei Pole, die sich ...«

Fiel ihm ins Wort: »Das versteh ich durchaus und manisch-depressiv ist mir auch ein Begriff. Habe davon schon gelesen, aber meinen Sie wirklich, dass das mein Krankheitsbild ist? Der Therapeut im Krankenhaus war der Meinung, ich hätte einen Burn-out. Klang für mich nicht unplausibel.«

Bastian fühlte seine Kompetenz infrage gestellt und hatte Mühe, sein Beleidigtsein zu verbergen: »Vorsicht, Vorsicht, Herr Bader, ich stelle meine Diagnosen nicht einfach so. Wie lange kennen wir uns jetzt? Über drei Wochen! Und wie oft waren Sie bei dem Kollegen in Hamburg? Sehen Sie, Sie wollen immer mehr, gerade in solchen Nächten. Immer mehr, immer noch ein Sahnehäubchen obendrauf. Wenn das nicht manisch ist!«

Mit seinem Sahnehäubchen sollte er mich die nächsten Tage noch mehrfach zulabern – als wäre ich ein Stück Schwarzwälder Kirschtorte. Wer will das schon sein, dazu noch als Mann?

Ich machte mich schlau. Ein manisch-depressiver Mensch wurde als jemand beschrieben, der tage- oder wochenlang mit seiner Depression am Boden liegt und dann ebenso tage- oder wochenlang wie auf Speed durch die Gegend rennt, alle und jeden belästigt mit seiner Turbo-Energie. Erkannte mich da überhaupt nicht wieder, ich wollte doch so viel und konnte gar nichts mehr, die Angst und die Einsamkeit pressten mich immer wieder auf den Boden wie ein Polizist einen Verbrecher. War ich irgendwo eingebrochen? Na, höchstens als Esel im dünnen Eis meiner eigenen Existenz. War ich gewalttätig? Nun gut, die Brüste von Constanze, aber das reichte wohl nicht aus, war auch auf freiwilliger Basis geschehen. Hatte ich Frauen nachgestellt, vielleicht sogar jungen Mädchen, war einer von denen, von den ganz Perversen? Ebenfalls negativ, hatte sicher einen Hang zu jungem Gemüse, aber noch nie eine im Bett gehabt, die jünger als 18 war. Also, seine Manie-Diagnose stand auf ziemlich wackligen Beinen. Meine Güte, schau doch einfach mal ins Internet, Bastian, du therapeutischer Fachmann, du! Tat er aber nicht. Immerhin ging er auf meinen Hinweis in Sachen Tabletten ein.

»Also, bisher haben Sie Fluoxetin genommen, 20 Milligramm täglich. Das sollten wir ändern, Moment, ja, ich hab was Besseres: Citalopram, der neueste Stand der Medizin, das wird Sie sicher durch den Tag *pushen*. Und, meine Güte, Sie nehmen ja noch gar nichts für die Nacht!« Erstaunliche Erkenntnis nach fast vier Wochen. »Also, da geb ich Ihnen mal Trimipramin. Hm, ob 25 Milligramm reichen oder doch lieber gleich 50 Milligramm?« Du entscheidest, du bist der Therapeut. »Wir nehmen die 50 Milligramm, da sollten Sie deutlich ruhiger schlafen.«

»Ist das ein Schlafmittel?«, fragte ich. »Schlafmittel hab ich schon vorwärts und rückwärts probiert, hat alles nichts genützt.«

»Nein, nein, Trimipramin ist kein klassisches Schlafmittel, das dient eher der Beruhigung, damit Sie gut in den Schlaf kommen.«

Also neue Tabletten, die Beipackzettel zu lesen, verkniff ich mir genauso wie weitere Recherchen im Internet. Citalopram brachte mich nicht besser in den Tag, aber auch nicht schlechter als Fluoxetin. Dafür schlief ich mit dem Trimipramin tatsächlich ruhiger, wenngleich *Durchschlafen* weiterhin ein unerfüllter Wunsch blieb. Allerdings schossen meine Leberwerte durch die Decke und da dies empfindliche Organ durch reichlich Gin Tonic schon bissken angeschlagen war, wurde die

Dosis auf 25 Milligramm reduziert. Ansonsten gab es keine neuen Erkenntnisse, keine bahnbrechenden Therapieerfolge.

Waren die vier Wochen nahezu um, präsentierte mir der Bastian noch die Kirsche auf dem Sahnehäubchen: »Wir sollten uns noch einmal zwei Wochen Nachschlag bei Ihrer Versicherung holen, um sicherzugehen, dass Sie aus dem Gröbsten raus sind.«

Noch zwei Wochen in dieser Hütte? Hatte genug, fühlte mich rein körperlich durchaus erholt, war von der psycho-therapeutischen Betreuung maßlos enttäuscht. Vielleicht sollte ich's in einer anderen Klinik probieren, aber dazu brauchte ich einen neuen Therapeuten. So oder so, die ganze Veranstaltung hier drückte meine Stimmung und das würde nicht mehr besser werden.

Bastian war naturgemäß wenig begeistert über meinen Entschluss, aber ich argumentierte auch damit, dass ich mir langsam wieder Arbeit suchen müsse, die Versicherung würde sich das wohl nicht mehr lange anschauen.

Als ich wenige Tage später die Post aus meinem Briefkasten holte, wurde aus meinem Verlegenheitsargument die nackte Realität. »Bitte werden Sie zur Nachuntersuchung bei Frau Doktor Angelika Stoffregen vorstellig.« Henk Bader, das Orakel! Nichts wollte ich weniger, als gleich wieder einen Job anzunehmen, zumal die Lage der Branche angespannt war. Manche meinten sogar, sie wäre dramatisch. Die sogenannte Internet-Blase war mit weltweit hörbarem Knall geplatzt, die eben noch hoch an der Börse gehandelten Aktien der Start-ups waren plötzlich nur noch ein paar mickrige Mark wert. Die Unternehmen strichen ihre Werbeausgaben drastisch zu-sammen, sodass auch viele klassische Agenturen mit in den Strudel gerissen wurden. Mitarbeiter konnten nach Hause gehen und das Budget für Freie kürzten sie gleich auf ein Minimum. War aber zuversichtlich, wollte in jedem Fall einen Bogen um diesen Krisenherd machen. Traf in der Klinik auf Leute, die ein Jahr und länger krankgeschrieben waren. Und Doktor Angelika Stoffregen klang doch sympathisch, überhaupt: eine Frau. Mit Frauen konnte ich doch! Legte mir eine Taktik zurecht: Charme und Niedergeschlagenheit würden schon passen.

Als ich ihr eine Woche später gegenüberstand, war ich mir nicht mehr so sicher. Die Stoffregen war eine hagere Frau in den Vierzigern, ausgestattet mit einem verbitterten Zug um ihren schmalen Mund. Sie bestand sogar darauf, dass ich mich mit meinem Personalausweis auswies. Es folgte eine entwürdigende Prozedur, musste mich bis auf die Unterhose ausziehen und von vorn bis hinten vermessen und wiegen lassen. Wie bei der Musterung. Oder war ich gar kurz davor, deportiert zu werden? Stellte mir die Stoffregen in einer Uniform von vor sechzig Jahren vor und musste feststellen, die würde ihr gut stehen. Dann nahm sie mich in die Mangel und drehte mir jedes meiner Worte im Munde um. Ihr Fazit: »Sie sind nicht depressiv, Sie sind nur ein wenig dysphorisch.«

Nur ein wenig dysphorisch? In mir kochte es. Wie konnte diese Frau innerhalb von zehn Minuten so ein Urteil fällen? Vor vier Wochen nah am Selbstmord, nun nur noch ein wenig bedrückt und freudlos – für mich so was wie ein Todesurteil. Ab sofort kein Krankentagegeld mehr, ab sofort wieder loslegen und Jobs an Land ziehen. Warum machte die so was? Ich meine, als ernsthafte Psychiaterin mit einer gewissen Berufsethik war es schier unmöglich, in derartig kurzer Zeit so eine Diagnose zu stellen.

»Wollen Sie sich das nicht noch mal überlegen? Ich fühle mich den Anforderungen meines Berufes derzeit in keinster

Weise gewachsen. Bitte, Frau Doktor Stoffregen, überlegen Sie doch noch mal«, winselte ich in meiner Verzweiflung.

Ihr schmaler Mund wurde augenblicklich zu einem Strich in ihrem harten Gesicht: »Herr Bader, ich pflege, meine Entscheidungen nicht zu revidieren.«

Die Wut brodelte in mir, bat darum, mal kurz auf die Toilette zu dürfen. Selbst da schwollen meine Adern weiter an, der Hass wurde nicht weniger.

Zurück im Behandlungszimmer, platzte das wutgefüllte Eitergeschwür in mir und entlud sich in einer Eruption: »Sie sind doch nur eine Befehlsnutte der Krankenversicherung! Für Geld würden Sie wahrscheinlich noch einen Toten für arbeitsfähig erklären! Sie sollten nicht Stoffregen, sondern Hartholz heißen oder noch besser Mengele, Sie KZ-Aufseherin, Sie!«

In meiner Erregung entglitten mir die Argumente, das schien aber auf das Objekt meiner Beschimpfung Eindruck zu machen: Die Schmallippige verkroch sich in die hinterste Ecke des Raums. Obendrein rief mein Wutausbruch ihren Partner – war eine Gemeinschaftspraxis – auf den Plan. Die Tür flog auf, schon stand ein etwa 1,90 Meter großer Typ hinter mir. »Gibt's Probleme?«

Ich schien zwar zu allem bereit, aber einem Doppelmord fühlte ich mich dann doch nicht gewachsen.

Zehn Tage später bekam ich's schriftlich von meiner Krankenversicherung: »Die von Frau Doktor Angelika Stoffregen durchgeführte Nachuntersuchung hat ergeben, dass sie ab sofort wieder arbeitsfähig sind. Wir stellen die Zahlung des Krankentagegeldes daher rechtmäßig ein.« Im Klartext: Ab sofort keine Kohle mehr aus der Ecke, ich musste wieder losziehen. Mitsamt dem mächtigen Gepäck aus Angst, Trauer und Erschöpfung. Mochte keine Rucksäcke und den schon gar nicht.

VIERTES KAPITEL

Ein Krokodil namens Werbung

brauchte

anständig

stand

einigermaßen Citalopram gehen

froh verantwortlich Grütze

Trimipramin Sommer Form

Sandalen Frau Farbe

zogen immer vorbei Vielleicht

bissken Herr Uaaah

ach dafür sogar

Tür Leute

aufwärtsging

Horrorfilme

praktischen

Sah dem Sommer beim Sterben zu und freute mich auf den Herbst. Meine Laune wurde besser, war der Sommer doch die reinste Folter für mich. Dieses grelle Licht, diese ständige, unausgesprochene Forderung: Das schöne Wetter, du musst raus, an die frische Luft, an einen See! Grässlich, dieser Sommerwahnsinn. Wurden die Menschen dank der Hitze auch nicht ansehnlicher, präsentierten Legionen von Frauen unaufgefordert nackte Beine, die offensichtlich von einem blinden oder besoffenen Schöpfer kreiert worden waren. Horden von Männern zwängten sich in groteske Hosen, die kurz unterm Knie aufhörten und blasse Waden freigaben, die dann in hässlichen, ungepflegten Füßen mündeten. Und die, die steckten meist in scheußlichen, aber ach so praktischen Sandalen. Wer auf Horrorfilme stand, brauchte also nur vor die Tür zu gehen. Uaaah!

War froh, als die Grütze vorbei war, die Leute zogen sich wieder einigermaßen anständig an – in welcher Form und Farbe auch immer. Vielleicht waren ja sogar Herr Citalopram und Frau Trimipramin dafür verantwortlich, dass es bissken aufwärtsging.

Aber nicht nur bei mir wackelte es kräftig im Karton – auch die Welt da draußen drehte sich weiter und brachte Überraschungen wie Horror. Die Überraschung, die dann doch keine war: Berlin, du hast wirklich einen Knall, aber einen sympathischen! Ab sofort hatten wir einen schwulen Bürgermeister. Gehörte auch zu Wowereits Wählern, nicht nur aus alter Solidarität zur SPD. Sein offensives Outing verdiente Respekt, redete er nicht um den Brei rum wie andere homosexuelle Politiker von der CDU und der FDP. Der hatte Eier. War mir egal, wer sie kraulte. Hauptsache, der olle Diepgen repräsentierte nicht mehr meine geliebte Stadt. In der sich gerade alle überschlugen in Solidaritätsbekundungen mit der alten Befreiermacht, den USA.

Gestern war der 11. September. Angeblich soll sich ja jeder Mensch auf diesem Planeten darin erinnern, was er an diesem Tag gemacht hat. Besonders natürlich nach der Katastrophe, die sich da quasi in Echtzeit vor unser aller Augen abspielte. Ja, auch ich weiß jetzt noch genau, was ich in dem Moment tat: im Bett liegen und fernsehen.

Fassungslos starrte ich auf den Bildschirm, wo sich immer und immer wieder eine bisher noch nicht da gewesene Katastrophe wiederholte: Flugzeuge, brennende Wolkenkratzer, schreiende Menschen. Aber das sollte erst der Anfang einer noch viel größeren Katastrophe sein: Krieg, Lügen und Videos würden folgen.

Zurück zu meiner ganz persönlichen Katastrophe: Die Krankenversicherung zahlte nicht mehr, aber die letzte Abrechnung hatte noch mal 3.000 Mark auf mein Konto gespült. Sollte noch ein paar Wochen zum Überleben reichen. Mit der Rate für meinen Schweden und der Miete wurde's trotzdem schon knapp, da mir der Sparkassen-Schwarz monatlich reichlich was abzog, damit sie mir das Konto nicht sperrten. Wunderte mich selbst über meine Gelassenheit, ob dieses Absturzes nicht verrückt zu spielen. Ich sah einfach keine einzige Alternative zu meinem Weg durch den Sumpf eines langsamen, aber stetigen Abstieges.

Dummerweise hatte es sich in der Szene, vor allem in Hamburg, rumgesprochen, dass der Henk Bader ein gesundheitliches Problem hatte. Gift für die Reputation! Die Werbung verlangt nach *heißen* Profis, die jederzeit in der Lage sind, erstklassige Ideen auszubrüten – und dies zu allen Tages- und Nachtzeiten. Manchmal treibt das absurde Blüten: Christian von Bargen, noch vor ein paar Jahren oberster Chef der ehemals heißesten Agentur in Hamburg, suchte für seinen neuen Laden nun nicht nur *dynamische* Mitarbeiter, nein, sie sollten auch noch *sportlich, schlank* und *Nichtraucher* sein. Als ich das las (Björn rief mich an und war ebenso fassungslos), sah ich mich schon in Frührente gehen. Hey, von Bargen, ich nehm Psychopharmaka, kann mir kein edles Sportstudio mehr leisten, hab zehn Kilo zugenommen und brauche meine Zigaretten als Halt. Stell mich ein, haha!

Vielleicht sollte ich mich einfach zum Spaß als Top-Freier bei ihm bewerben, nur um sein von den vielen Törns mit seinem restaurierten Kutter gegerbtes Gesicht zu sehen, wie es nach backbord verrutscht, und ihm steuerbords noch eine reinzuhauen. Bissken Spaß muss sein, verstehste doch, von Bargen! Leider würde er mich nicht mal vorlassen in die streng designte Welt seines Loftbüros am neuen In-Standort, dem Hamburger Hafen. Schade eigentlich. Oder sollte ich dem *Chrischi*, wie ihn seine zahlreichen Claqueure nennen durften, einen hübschen Stricher vom Bahnhof Zoo rüberschicken? Seine homoerotischen Neigungen waren Branchengespött, jeder wusste davon, nur er offensichtlich nicht. Einer seiner persönlichen Assistenten hatte mir mal im Suff gesteckt, dass von Bargen bei der Buchung eines Hotelzimmers darauf bestand, unbedingt ein *Bidet* im Bad vorzufinden. Gut, wenn man sich seine Frau betrachtete – eine standesgemäße hanseatische Kaufmannstochter –, wollte man ihm das fast verzeihen. Aus lauter Opposition zu seiner Geilheit rauchte sie Zigarillos auf Kette. Da mochte man nicht mit tauschen.

Aber Hamburg war Hamburg und Berlin nun mal Berlin. Und in Berlin war mein Ruf noch intakt. In diese rotzfreche Stadt trauten sich die von Bargens dieser Welt nicht. Steuerbords noch einen Arschtritt.

Der Herbst überließ dem Winter das Feld und so ein Winter in Berlin kann verdammt kalt werden. Wurde die Kohle langsam richtig knapp. Kramte ich im Kühlregal des Supermarkts nach Sonderangeboten, als mich jemand ansprach: »Hallo Henk, altes Textgenie, was machst du denn hier?«

Drehte mich um und sah in das freundliche Gesicht von Tarek, den ich als Kundenberater aus meinen Zeiten bei Maass/du Bois kannte und schätzte. Der Vorteil von den sogenannten Kreativagenturen lag aus Sicht der Texter und Arter darin, dass die Kundenberater dort wirklich nur Berater für den Kunden waren. Sie hatten nichts anderes zu tun, als den Kunden die Arbeit der Kreativen zu verkaufen. Und natürlich die Kreativen bestmöglich mit den Informationen der Kunden zu versorgen. Das war ihr Job und sie machten ihn. In nicht so kreativen Agenturen, sprich in zweit- und drittklassigen Klitschen, spielten sich die Kundenberater als Krönung der Schöpfung auf, nervten Texter mit schulmeisterhaften Korrekturen und die Grafik mit Änderungswünschen, die nur einem Spatzenhirn entsprungen sein konnten. Gute Agenturen hatten Kundenberater, schlechte Kreativenbevormunder. Tarek war eindeutig ein guter Kundenberater.

»Hey Tarek, alter Araberhengst. Was machst *du* denn hier in Berlin?«

In der Werbung gab es nicht den Hauch eines Problems mit der Integration und so weiter. Da waren türkische, ägyptische und libanesische Mitarbeiter ganz normale Kollegen wie jeder Deutsche auch. Gut, kleine Frotzeleien gab's immer, aber die betrafen intelligente Menschen, die sich mit ebenso lustigen Spitzen wehren konnten. Und es auch taten. Fast immer. Hatte mal einen Culture-Clash erlebt, der auf mein vorlautes Konto ging. Weiß jetzt nicht, in welcher Agentur, jedenfalls beschäftigten die zwei IT-Cracks, der eine aus Ungarn, der andere aus Indien. Hatten irgendwann ein massives Computerproblem in der Kreation und als die beiden in den Raum kamen, jubi-

lierte ich: »Da kommen unsere Retter, Paprika und Curry!«
Alle lachten, nur die beiden nicht, maulten und beschwerten
sich: »Rassisten!« Nun ja, sie waren keine Deutschen und
hatten noch nicht in England gearbeitet – dort flogen einem
die Naziwitze nur so um die Ohren und wenn man sich be-
schwerte, war man eben ein humorloser »Kraut«. Ich hatte
mich später bei ihnen entschuldigt.

Mochte den Tarek und er mich. Erzählte er mir von seinen
Erfolgen und ich erfand fix ein paar glorreiche Engagements
im letzten Jahr. Angenehmes Geplänkel folgte, rückte er mit
einer nicht uninteressanten Information raus: »Bin seit sechs
Monaten bei RRK hier in Berlin.«

RRK hatte sich weltweit einen Namen gemacht, als sie den
Amis nur 15 Jahre nach dem Zweiten Weltkrieg mit witzigen
und schlagfertigen Kampagnen massenweise deutsche Autos
verkauften. Die Anzeigen sind derartig legendär, dass die
Agentur bis heute zum Olymp der Werbung gehört.

Fragte Tarek mich: »Und du? Immer noch frei unterwegs?«

Er wusste also nicht, in welchem Zustand ich die letzten
Monate verbracht hatte.

»Och ja. Du weißt doch: Gute Texter sind immer gefragt.«

»Ja, leider wollen sie alle frei arbeiten. Wir suchen hände-
ringend einen gestandenen Senior-Texter für unseren Auto-
Kunden. Hättest du als Auto-Profi nicht Interesse?« Senior-
Texter? Wenn du als Creative Director schon eine Stufe
höher auf der Leiter gestanden hast, ist so was natürlich ein
Rückschritt. Und fest angestellt? Meine Güte, zurück in die
Zwangsjacke von festen Arbeitszeiten, um acht aufstehen?
Stupider Alltag in lärmenden Großraumbüros, ein Creative
Director, der ständig nach noch besseren Ideen schreit? Bis in
die Puppen da hocken, kein Weinchen, womöglich ist sogar
das Rauchen verboten?

»Schönen Dank, Tarek. Aber ich bleib lieber ein freier Mann.«

Er lachte und wir verabschiedeten uns.

Schob meinen Einkaufswagen weiter durch die Regale.

Henk!

Was denn, was denn?

Blieb stehen und malte mir aus, wie ich in nicht allzu ferner Zukunft akquirieren gehen müsste. Ekliger Gedanke. Hatte eine geniale Eingebung: Könnte denen ja erst mal eine Zusammenarbeit auf fest-freier Basis vorschlagen. Genau! Biste bissken vor Ort, kannste vielleicht den Rest von zu Hause aus machen und jeden Monat eine saftige Rechnung stellen.

Tarek! Wo war er? Raste mit dem Drahtkäfig auf Rädern Richtung Kasse und hatte Glück: Da stand er in der Schlange, noch niemand hinter ihm. Kam völlig außer Atem an, holte tief Luft und tat so, als wenn's der reinste Zufall wär: »Sag mal, Tarek. RRK ist natürlich eine erstklassige Adresse, vielleicht höre ich mir das einfach mal an.«

Grinste er: »Find ich gut. Gib mir mal deine Handynummer, Alex ruft dich dann an. Ist der zuständige CD.«

Und Alex rief an, schon am nächsten Tag. Na, die schienen wirklich Bedarf zu haben! Was meine Verhandlungsposition natürlich nachhaltig verbesserte.

Keine 48 Stunden später saß ich im Konfi bei RRK, zusammen mit Alexander Groß und einer gewissen Veruschka Bronski. Bei der Vorstellung wurde mir schnell klar, worum es ging: Alexander war Leiter der Kreation für den gesamten Etat, Veruschka als CD zuständig für die sogenannte *Literatur* – nun ja, was sich so hochgeistig anhörte, war nichts weiter als die Prospekt-Unit. Wenn eine Agentur schlau ist, sichert sie sich nicht nur den klassischen Etat, also Anzeigen und TV-Spots. Die Königsdisziplinen bringen zwar Ansehen und

Preise bei diversen Kreativwettbewerben. Die Prospekte aber das Geld, reichlich sogar, schließlich handelt es sich hier in den meisten Fällen um europa-, wenn nicht sogar weltweite Literatur. Aber was richtig Kohle einbringt, ist ja nicht immer beliebt. In den Agenturen war das damals nicht anders: Auf Anzeigen und TV waren sie alle scharf, da konnte man richtig Lorbeeren ernten – sei's in puncto Karriere oder auch nach Feierabend am Tresen. Naturgemäß kann nicht jeder von den süßesten Früchten naschen, manche müssen nun mal in den sauren Apfel beißen. Und das waren meist die, die's in den höchsten kreativen Höhen nicht schafften, die nicht mit spektakulären und noch nie da gewesenen Ideen glänzten.

Machten sie mir also ein Angebot für die zweite Liga. Die hatte allerdings den Vorteil, dass man sich da nicht totmachte, wenig Überstunden schob und einer recht geregelten Arbeit nachgehen konnte – in meiner Situation nicht unbedingt ein Nachteil. Zeigte ihnen meine Mappe mit den Arbeiten aus den letzten Jahren. War viel Auto drin, nickten sie sich gegenseitig zu, lasen sich in aller Ruhe die Texte durch. Im Konfi breitete sich eine wohlwollende Stimmung aus, die sich beruhigend über meine innere Anspannung legte und die Produktion von Schweißperlen, die sich schon zahlreich auf meiner Stirn eingefunden hatten, zum Stillstand brachte.

Am Ende der Mappe angekommen, schaute mich der Groß freundlich an. »Schöne Mappe, Henk. Wir suchen ja einen erfahrenen Auto-Texter für unseren Kunden. So schnell wie möglich, spätestens zum 1. Januar.«

»Du würdest dann direkt mit mir zusammenarbeiten, wir teilen uns ein Büro«, ergänzte die Bronski und grinste bis über beide Ohren. Hübsche Frau, brünette lange Haare, guter Stil, mochte so Anfang dreißig sein. Büro teilen hörte sich nicht übel an, immerhin kein Großraumlärm.

Ha, wollten sie eine zügige Antwort.

Hatte schon die ganze Mappensache über an einer gebastelt: »Wie ihr wisst, hab ich die letzten Jahre frei gearbeitet, da fällt mir eine abrupte Rückkehr ins Angestelltendasein nicht leicht. Was haltet ihr davon: Wir probieren's erst mal drei Monate fest-frei, danach sehen wir weiter. Wenn ich mich für euch entscheide, rechnen wir die drei Monate auf die Probezeit an.«

Sie brauchten derartig dringend einen guten Texter, dass sie sich sofort drauf einließen. Einigten wir uns auf 5.500 Euro plus Mehrwertsteuer, gab ja zum neuen Jahr auch neues Geld. Und den Termin: 1. Januar. Hatte ich also noch bissken Zeit, mich auf meine bevorstehende Domestizierung vorzubereiten.

»Wir schicken dir den Vertrag die nächsten Tage zu. Willkommen bei RRK!«

Fühlte sich gar nicht mal so schlecht an, endlich wieder irgendwo willkommen zu sein.

Weihnachten ging's zur Familie nach Hamburg. Wer auch immer diese Geschichten von verkorksten Familienfesten mitsamt allen dazugehörigen Dramen erfunden hat, der hatte verdammt recht, der Seher! Seit dem Tod meines Vaters vor vier Jahren und den hässlichen Streitereien ums Erbe (mein Vater hatte vorher zwölf Jahre getrennt von meiner Mutter gelebt) wollte bei dem alljährlichen Wiedersehen zwischen den vier Geschwistern wenig Freude aufkommen. Neid, Missgunst und offene Anschuldigungen hatten tiefe Gräben gerissen, die unsere Mutter verzweifelt mit übertriebener Harmonie zu kitten versuchte: »Die bunten Teller, schaut! Wie gut mir die Gans gelungen ist, die knusprige Haut! Was für ein schöner Tannenbaum dieses Jahr!« Ihre Weihnachtsfreude stand im krassen Gegensatz zu unseren mühsam unterdrückten Feindseligkeiten. War das Festessen vorbei, ging das Gemetzel los und unsere Mutter verließ unter Tränen das Wohnzimmer.

Besuchte am ersten Feiertag Sophia und schlief auch bei ihr. Da war sie, die echte Harmonie. Schließlich war ich für Sophia trotz unserer gescheiterten Beziehung immer noch eine Option für eine Zukunft zu zweit. Und ja, ein Leben mit ihr wäre nicht das schlechteste gewesen. Aber mir war die Liebe abhanden gekommen – zu ihr, zu jeder anderen Frau, war nur noch mit mir selbst beschäftigt. Mit was auch sonst in so einer Situation? Und wenn's mit uns schiefginge? Würde ich den letzten Menschen verlieren, der mir ein Netz war, mich vor dem freien Fall retten konnte. Wollte einfach nur ihre Gastfreundschaft genießen, ohne mir noch mehr Angst aufzuladen. Sie war einfühlsam und schlau genug, um mich nicht zu bedrängen. Sophia war für mich die weibliche Version eines besten Freundes.

Zu Silvester gönnte ich mir nach der ganzen Gefühligkeit den Luxus unbedingten Hedonismus und verbrachte den Jahreswechsel im Kit Kat Club. Internationales Publikum, irgendwann war ich mit Lola aus Amsterdam zugange. Ihr begnadeter Körper komplett in Lack, sie trug sogar eine Lackkappe auf dem Kopf, es schauten nur ihre Augen (eisblau!) und der Mund (knallrot!) raus. Wildes Gefummel, Zungenschlecken wie von Sinnen, sie nahm mich mit auf eine Reise, katapultierte mich in die Erdumlaufbahn, von der aus ich nur noch einen verklärten Blick auf den Planeten und die dort lauernden Probleme hatte. Lotse Lola, Käpt'n Henk, scheiß auf die Wirklichkeit!

Als ich gerade so wunderbar abgehoben hatte, drängte sich die dumpfe Wirklichkeit in Form ihrer Freunde zwischen uns. Schon wurde sie mir entzogen! Dämliche Bauern klauten mir meine Königin und schmissen mich zurück auf den Boden todlangweiliger Tatsachen: Knapp 36 Stunden später sollte ich meinen neuen Job bei RRK antreten. Jaja, schon gut!

Wusste nicht mehr, wie ich nach Hause gekommen war, ohne die Königin, aber mit reichlich Gin Tonic im Blut. Fand mich gegen Mittag am Neujahrstag in voller Kit-Kat-Montur quer auf dem Bett liegen, mit pelziger Zunge und einem Schmerz, der weit über den meines Kopfes hinausging. Lebensschmerz. Und meine Freundin, die Angst, die kraulte mir den Nacken.

2. Januar 2002, der Wecker piepte mich um acht Uhr wach. Haute ihm eine aufs Dach, drehte mich noch mal um und maulte: »Ich geh da nicht hin, leckt mich, schaff das auch so!«

Zehn Minuten später war ich mir nicht mehr so sicher und quälte mich auf meinem Futon in die Horizontale. Alles tat weh, suhlte mich in einem undefinierten Weltschmerz, wollte kein Büro, keinen Job, keinerlei Verpflichtung, wollte mich nur weiter im Schlamm meines Selbstmitleides wälzen und die Schuld – welche und woran auch immer – liebend gern einer gegen mich gerichteten Macht in die Schuhe schieben. Hey, du bist schuld! Für immer und ewig! – Entschloss mich, erst mal duschen zu gehen.

Verblüffend, wie sehr ein paar Liter Wasser die Sicht auf die Dinge verändern können. Eigentlich sollten alle um neun zur Stelle sein. Fühlte mich daran nicht gebunden, so als fester Freier oder freier Fester. Für Menschen, die nichts mit der Werbung zu tun haben – und davon soll es durchaus welche geben –, mag sich das Wort »Freier« seltsam anhören, wie irgendwas mit Prostitution und so falsch ist das gar nicht. Viele Kreative laufen mit dem Gefühl herum, ihr Talent zu verschwenden, ja, zu verkaufen. So, wie eine Prostituierte ihren Körper verkauft, geben wir für ein auskömmliches

Gehalt unseren Kopf und überhaupt unsere besten Jahre. Die Leistungsfähigkeit ist begrenzt, selten sieht man Kreative über vierzig – und wenn doch, dann in gehobenen Positionen. Für alle, die es nicht bis ganz oben schaffen, wird es schwierig. Viele versuchen es dann frei und rutschen immer weiter ab: Irgendwann kommen die zweit- und drittklassigen Agenturen oder eigene Kunden wie Autohäuser, Pizzabuden oder – wenn es gut läuft – Volkshochschulen mit Unmengen von Foldern und Prospekten. Kannst dich freuen, wenn's für ein einigermaßen komfortables Leben langt. Konnte ich noch von Glück reden mit diesem Job, der mir sowohl gutes Geld sicherte, als auch gewisse Freiheiten ließ.

Am Empfang erwartete mich keine Turboblondine, sondern Uschi, eine von diesen patenten Agenturmüttern, die sich nichts mehr beweisen müssen. Sehr sympathisch. Hinterm Empfangstresen konnten Frauen in Würde altern, wenn sie wussten, wie das geht. Uschi wusste das und überschüttete mich zur Begrüßung mit wohltuender Herzlichkeit. Wenige Minuten später holte mich eine Kontakterin aus meinem zukünftigen Team ab, eine der unscheinbaren Fleißbienen, die jede Agentur in ausreichender Zahl braucht, um den ganzen administrativen Scheiß zu bewältigen.

Im dritten Stock angekommen, schritten wir durch den unvermeidlichen Großraum, in dem an unendlichen Reihen von Tischen das Fußvolk saß und auf die Bildschirme seiner Apple-Computer starrte. Dahinter kam ein kleiner Flur, von dem vier Büros abgingen. Als mir die Kontakterin die Tür zu einem der Räume öffnete, war ich zufrieden: tatsächlich nur zwei Schreibtische. Einer davon war meiner, der andere gehörte Veruschka Bronski. Und die Lady war noch nicht vor Ort. Die Sache hier wurde mir immer sympathischer, beglückwünschte mich zu meiner Entscheidung, den Arsch hochbekommen zu haben. »Veruschka kommt bestimmt bald, dann wird sie dir die Agentur zeigen und dich vorstellen.«

Trotz der winterlichen Temperaturen war ich schwitzig und froh, erst mal Zeit für mich zu haben, die Ruhe in dem Büro war eine Wohltat für meinen Tinnitus. Vor mir stand ein nagelneues Apple-Powerbook, exakt der Laptop, den ich mir vor der Krise selbst gegönnt hatte. Richtete mich bisskn ein, surfte im Internet und wartete auf mein Gegenüber. Kurz vor halb elf hechtete sie ins Büro, ohne eine Erklärung für ihr massives Zuspätkommen. War mir nur recht, umso großzügiger konnte ich meinen Zeitplan gestalten. Bei Maass/du Bois schmetterten sie dir schon um viertel nach neun ein spitzes »Mahlzeit« entgegen. Mal abgesehen davon, dass sie derartige Verspätungen nicht lange tolerierten.

Das obligatorische Montagsmeeting fand hier erst um elf statt. Hatte lovely Veruschka noch Zeit, sich zu ordnen. Schaute genüsslich dabei zu, wie sie sich mittels Haarspray, Lippenstift und hastig aufgetragenem Make-up von einer leicht derangierten Frau zur erstklassigen Businesslady verwandelte. Dann flatterte sie zum Meeting davon und bescherte mir noch mehr Zeit zur Eingewöhnung.

Als sie eine halbe Stunde später wieder auftauchte, hatte ich mich schon über das Weltgeschehen informiert und ein paar bezahlbare Jaguars entdeckt, sah es doch so aus, als wenn ich hier mein Geld im Schlaf verdienen würde. Dank des Internets konnte ich das Nichtstun wunderbar kaschieren – einfach angestrengt auf den Bildschirm schauen und so tun, als wenn man nachdenkt. Früher war's nicht so einfach gewesen: Für mich als Texter war es unmöglich, von der ersten bis zur letzten Stunde durchzuschreiben. Oft gab's auch gar nicht so viel zu tun. So hatte ich die viele Zeit früher genutzt, um mich schlauzumachen, und den *Spiegel* oder *Stern* gelesen, der ja bis in die Neunziger noch eine gewisse Relevanz hatte. Beliebt waren auch Autozeitschriften, *Mad* und andere Satireblätter gewesen. Nur erwischen lassen durfte man sich nicht, dann hieß es: »Der hat nichts zu tun!« Das Internet minimierte diesen Stress um einiges, brauchte es doch nur einen Klick, um fix eine versaute Seite vom Bildschirm verschwinden zu lassen und durch ein Manuskript zu ersetzen.

Natürlich versuchten viele Agenturen nun, auch vermeintlich sichere Büroräume einsehbar zu gestalten. *Wenn wir schon nicht das ganze überbezahlte Pack in den Großraum setzen können, dann wollen wir den Rest wenigstens bestmöglich unter Kontrolle haben.* Jeder Mensch, der noch alle Sinne beieinander hat, musste dies sofort als Überwachung registrieren. So kamen Glaswände in Mode. Brauchten sich die Bosse gar nicht selbst um die Überwachung zu kümmern, das erledigten die Mitarbeiter untereinander. Gab immer eine Ratte, die einen anschwärzte. Dumm nur, dass sich einige der hippen Agenturen in denkmalgeschützten Industriebauten angesiedelt hatten und es verboten war, dort tragende Steinwände durch Glas zu ersetzen. Das Haus in der Torstraße, das von RRK gekauft und kernsaniert worden war, gehörte zu den denkmalgeschützten. So konnte ich's mir hier zwischen zwei undurchsichtigen Wänden gemütlich machen, anstatt in einem Aquarium zu sitzen.

Beim Rundgang mit Bronski-Beat traf ich zu meiner Beruhigung nicht auf bekannte Gesichter und wurde überall als der neue Senior-Texter goutiert. Schwein gehabt. Nichts war schlimmer als ehemalige Kollegen, mit denen du noch eine Rechnung offen hattest – oder die noch eine mit dir zu begleichen hatten. Das kam öfter vor. Ich war durchaus zur Diplomatie fähig, aber nur, wenn es um was ging. Ansonsten konnte ich meine norddeutsche Kodderschnauze nicht halten und teilte unsympathischen Individuen gern mit, was ich von ihnen hielt. Während des Studiums hatten wir da einen, mitten in den Achtzigern, der den Prototyp des *Poppers* verkörperte. Mit all den widerlichen Eigenschaften: Streber, Petze, diese Locke, sein ewiges Prahlen mit Status und Blankeneser Herkunft. Kurzum: Wir verabscheuten den Typen und ließen wenige Gelegenheiten aus, es ihn spüren zu lassen. Nun ja, Verachtung auf höchstem Niveau. Ich hatte ihn komplett verdrängt, wusste nicht mal mehr seinen Namen, bis zu dem Moment, in dem er mir im Rahmen eines Briefings als Marketingassistent des Kunden präsentiert wurde. War meine zweite Agentur, ich mittlerweile Texter, das Studium ungefähr fünf Jahre her. Erkannte ihn sofort wieder, dachte mir allerdings: Gut, hat er's auch zu was gebracht, wird Profi genug sein. Irrte mich, der Blankeneser Boy war nachtragend und ließ der Geschäftsleitung mitteilen, dass er *auf keinen Fall* mit mir zusammenarbeiten würde. Kundenwunsch war Gesetz, so war mir der Etat erspart geblieben. Danach traf ich die beleidigte Leberwurst nie wieder.

Vorstellungsrunde vorüber, Mittagszeit. Veruschka war noch nicht nach Essen, nun gut, wer um halb elf kommt, hat kaum das Frühstück verdaut. Wobei ich mir nicht sicher war, ob sie zum Frühstück feste Nahrung zu sich genommen hatte. Ging alleine raus, ich meine, war mein Kiez, wohnte nur zwei Querstraßen entfernt. Musste mich zusammenreißen, nicht zum Spanier oder Italiener zu gehen, von wegen ein Gläschen Wein. Der neue Tagesablauf forderte mich heraus, musste mir meine Gewohnheiten verkneifen. Trank ich zu Mittag, war ich danach extrem schläfrig. Außer ich konnte weitertrinken, aber das war in der Werbung spätestens seit Anfang der Neunziger so gar nicht mehr *en vogue*. Wo waren sie geblieben, all die lustigen Alkoholiker?

Widerstand der Versuchung, ging zum Asiaten und kehrte pünktlich um 14 Uhr in die Agentur zurück. Keine Spur von der verrückten Veruschka, keine Spur von Arbeit, aber schon einen halben Tag auf der Uhr. Badete in dem Gefühl, endlich wieder in einen Honigtopf gegriffen zu haben. Erst jetzt entdeckte ich den Aschenbecher auf dem Schreibtisch gegenüber, steckten zwei Kippen drin, trugen untrügliche Zeichen von Lippenstift. Kommissar Henk, ermitteln Sie! Nun, die Lady rauchte, konnte hier offensichtlich mein inneres Unbehagen, das selbst die neuen Tabletten nicht zu beseitigen vermochten, mit einer stündlichen Dosis Nikotin in Schach halten. Qualmte nicht irgendwelche Kippen, rauchte traditionsreiche englische Kingsize-Zigaretten: Silk Cut. Damit war ich völlig außen vor, in den Achtzigern hatten sie alle erst West und dann Prince Denmark geraucht, besonders die Girls mochten die starken Dinger aus dem Norden, die sie nach einem gemeinsamen Frühstück mit coolem Schwung in der Schale des Frühstückseis ausdrückten. In England selbst waren Silk Cut Brot-und-Butter-Zigaretten. Mein Glück, denn für die zahlreichen englischen Touristen hatten sie in zwei, drei Tabakläden in Mitte immer reichlich Vorräte parat. Berühmt wurde die Zigarette durch eine spektakuläre Kampagne in den Achtzigern. Da spannten tollkühne Arbeiter erst ein Seil über eine Schlucht, dann fingen sie an, einen riesigen, seidenen Vorhang daran aufzuhängen. Das Ding in der Hausfarbe Lila-Purpur entrollte sich Schritt für Schritt, die ganze Zeit lag Spannung in der Luft und man fragte sich, was das sollte. Als das Monstertuch die komplette Schlucht überspannte, seilte sich ein weiterer Arbeiter ab und schlitzte den Vorhang über eine Länge von mehreren Metern auf. Ein Cut. In einem seidenen Vorhang. *Silk Cut*. Der Spot räumte sämtliche Kreativpreise der Welt ab.

Veruschka gab sich nicht mit ein paar Zigaretten am Tag zufrieden, sie rauchte Kette, was in dem kleinen Büro schnell dichten Nebel verursachte. Öffnete man die Fenster, verschwand zwar der Qualm, kamen aber der Straßenlärm der vierspurigen Torstraße und eiskalte Winterluft rein. Na, immer noch besser als die Alternative.

Die ersten Jobs kamen auf den Tisch und verlangten mir nicht viel ab, Konzeptarbeit plus Headlines für zwei Prospekte. Der Kunde war anspruchsvoll, aber seine Wünsche fielen bei mir auf fruchtbaren Boden: Er wollte eine klare, für alle verständliche Sprache und hatte durchaus Sinn für feinen Humor. Was er auf keinen Fall tolerierte, war das typische Werberlatein, dessen sich leider viele Kollegen bedienten. »Werbersprech« nannten wir das. Also so was wie »Genuss-Erlebnis« statt »lecker« oder »schmeckt gut«. Kein Mensch spricht im wirklichen Leben derartig gestelzt. Da sowohl der Kunde als auch die Agentur mit ihren legendären Anzeigen aus den Sechzigern und Siebzigern Ikonen geschaffen hatten, die mittlerweile zur Populärkultur zählten, wollte man diesen Pfad keinesfalls verlassen. Gute Agentur, schöner Kunde, ich fing an, mich wohlzufühlen.

Wär da nicht diese ewige Beklemmung gewesen, dieser Würgegriff, dieses Gefühl von Du-musst-da-jetzt-hin und Da-warten-Menschen-auf-dich-die-was-von-dir-wollen. Kam ich am Abend nach Hause, war ich komplett erledigt. Genehmigte mir zwei Gläser Rotwein und wartete zwei Stunden, ehe ich meine Gute-Nacht-Tablette schluckte. Immerhin blieb ich von Schlaflosigkeit verschont, ein paar Stunden waren – mit Unterbrechung – jede Nacht drin.

Das Team war eine Ansammlung von angenehmen Menschen, hin und wieder entwickelte ich sogar familiäre Empfindungen, so was wie Dazugehörigkeit. Gab nur zwei

Ausnahmen: den Agenturchef und meinen Junior-Texter. Seit 'nem knappen Jahr führte Ivica Suker den Laden. Anfang der Neunziger war er als junger Mann vor dem Wahnsinn des Jugoslawienkrieges nach Hamburg geflohen und irgendwie an die Werberfront geraten, erst zu *Bidet-Chrischi*, danach zu Maass/du Bois, wo er eine sagenhafte Karriere hingelegt hatte. Um Ivica rissen sich danach quasi alle Agenturen, er entschied sich für den Chefposten bei RRK. In der Szene nannten sie ihn ehrfürchtig *Kroaten-Napoleon*, war er doch von eher kleinem Wuchs, aber ebenso wie das Vorbild für seinen Spitznamen eine hochintelligente und charismatische Führungskraft, ausgestattet mit ein paar Charakterdefiziten, die die Zusammenarbeit mit ihm nicht eben einfach gestalteten. Menschen, die seinem temporeichen Denken und Handeln nicht ganz folgen konnten, faltete er gern und mit generalstabsmäßiger Lautstärke zu handlichen Päckchen, ach was, Briefchen zusammen, die er durch den Spalt unter seiner Tür kleinlaut zurück in ihr jämmerliches Dasein warf. Passierte mehrmals am Tag, ich war sozusagen unmittelbarer Zeuge, da unser Büro nur zwei Türen von seinem entfernt lag.

Ich hatte ja diese angeborene Nicht-Angst vor großen Tieren, außerdem war er mit Kreativen deutlich nachsichtiger als mit Kundenberatern und vergleichbaren Kreaturen. War ein paar Mal mit Veruschka bei ihm, ging immer gut, wobei er mich allerdings mit großer Hartnäckigkeit Hendrik nannte. Widersprach mehrfach mit Nennung meines korrekten Namens, aber er blieb dabei. Egal, ich verließ stets aufrecht sein Büro, das über und über vollgestellt war mit Modellen des VW-Käfer, besonders in der Herbie-Version aus den gleichnamigen Disney-Filmen. Ivica war ein glühender Disney-Fan, neben den Miniaturautos füllten noch unzählige Donald-, Daisy- und Dagobert-Figuren die Regale und Vitrinen. Der reiche und geizige Dagobert war sogar in diversen Größen vorhanden. Fand der arme Flüchtling das witzig? Oder ironisch? War er ein unbarmherziger Herrscher, der sich mit lustigen Comicfiguren einen menschlichen Anstrich verpassen wollte? Nein, war wohl nur eine dieser Marotten, mit denen sich Machtmenschen gern schmücken.

Deutlich sympathischer war mir da die englische Agenturchefin, die ich mal auf einem Kongress in Cannes traf. Die Lady hatte ein Faible für historische Schlachten und besuchte regelmäßig die Orte, an denen vor Jahrhunderten die grausamsten Gemetzel die Erde mit Blut getränkt hatten. Nachdem sie mitbekam, dass ich Deutscher war, kriegte sie sich gar nicht mehr ein und ging mir mit ihrer Verehrung des preußischen Generals Carl von Clausewitz auf die Nerven. Sie würde demnächst Vorlesungen an Marketingakademien halten, wo sie seine Theorien als Basis für schlau und unwiderstehlich angelegte Kampagnen nutzen wollte. In ihrem Büro – *as big as the Reichskanzlei* – standen tatsächlich Tische voll mit Spielzeugsoldaten. *Advertising is war, baby!* Irgendwo hatte ich noch ihre Karte, sollte sie vielleicht mit der Stockhusen-Wildberg zusammenbringen, die eisernen Ladys würden sofort Pläne zur Weltherrschaft schmieden. Wobei, besser nicht. Kamen mir Zweifel daran, dass eine Welt unter der Knechtschaft von zwei Stiefeltanten wirklich besser wäre als die jetzige Version.

Dennoch, eine Welt unter den beiden wäre sicher leichter zu ertragen gewesen als die Geißel, die sie mir in Person meines Junior-Texters antaten. Jeder Senior-Texter hat mindestens einen Junior unter sich, der ihm die Drecksarbeit abnimmt und gleichzeitig angelernt werden soll, so was wie einen Rohdiamanten, den man ungefähr ein Jahr lang zu einem Schmuckstück schleifen soll. Talent des Zöglings natürlich vorausgesetzt. Und da fing die Scheiße bei meinem Kandidaten schon an, der Bursche hatte so viel Talent zum Texter wie ein Schaf zum Wolf. Aber er hatte einen Vater, der Marketingleiter bei einem wichtigen Kunden der Agentur war und darin eine prima Möglichkeit sah, seinen Sohn unterzukriegen, der mit seinem 3,5er-Abitur in keine Uni reingelassen wurde. Jedenfalls in keine, die nicht empfindlich viel Geld kostete. Das war ihm der Sohn dann doch nicht wert. Vielleicht wusste Daddy aber auch, dass er das viele Geld damit zum Fenster rausgeworfen hätte. RRK hatte die Sendung also frei Haus bekommen. Inhalt: ein verwöhnter, bockiger 23-Jähriger, der irrtümlicherweise davon ausgegangen war, dass er sehnlichst erwartet wurde.

Nach vier Wochen als Kopierassistent und Kaffeeholer weinte er sich bei seinem Papa aus. Von wegen aufgrund guter Zensuren im Aufsatzschreiben wär er doch der geborene Texter und durch seine Herkunft quasi sowieso zu allem befähigt. Einen Anruf von seinem Erzeuger später hatte ich ihn am Bein. Erst gab ich ihm Aufgaben, die ich schon längst erledigt hatte. Die Ergebnisse waren unter aller Kanone, nur leider roch er den Braten und verlangte fortan nach wirklichen Herausforderungen. Meine Geduld ging gegen null, aber ich hatte keine andere Wahl. Selbst Veruschka bat mich händeringend darum, dem armen Jungen eine Chance zu geben. *Dem armen Jungen!* Seine Eltern spendierten ihrem Jonas eine frisch sanierte Luxusbude im Prenzlauer Berg, zur Agentur fuhr er mit einem bis auf die letzte Schraube restaurierten 72er Alfa-Spider, seine Freundin war eine von denen, die als Beruf »Model« angaben. Also, welche Chance? Ich entwickelte schon bei seinem Anblick geradezu sadistisches Verlangen und wünschte mir, dass Folter noch im gesetzlichen Rahmen läge. Stattdessen folterte er mich tagtäglich mit entsetzlichen Texten, die nur in einem Punkt eindeutig waren: Sie offenbarten die Abwesenheit jeglichen Talents in einem Maße, das keine zwei Meinungen zuließ.

Schmeißt ihn raus, sofort!

Geht leider nicht, Henk.

Dann ab ins Archiv mit ihm!

Henk, tut uns wirklich leid, aber du musst ihn durchschleppen, wie auch immer.

Musste ich also zwei Patienten durchkriegen: Den latent depressiven und soziophoben Profi, der ich war, und den protegierten Nichtskönner und Aufschneider, den sie mir zur Seite gestellt hatten. Blieb mir nur die Flucht in eine Belohnungswut, brauchte einen stetigen Genussnachschub. Zigaretten, Alkohol, Muffins und üppige Mittagessen waren die legalen Drogen, die ich mir Tag für Tag zuführte. Die illegalen verkniff ich mir unter der Woche, ansonsten wäre ein Exzess unvermeidlich gewesen. Hätte ich womöglich dem Jonas doch noch Daumenschrauben angelegt oder eine Guillotine besorgt, um seinen Kopf rollen zu sehen. Gift, Schlangen, Skorpione, Überdosis – jeden Morgen, wenn ich am Frühstückstisch saß, kamen mir derartige Fantasien. Manchmal sah ich mich auch vorm Einschlafen mit einem Baseballschläger in der Hand, einem Kampfhund, den ich von der Leine ließ, einem Geländewagen, der zufällig den Weg von Jonas kreuzte, während der gedankenlos die Straßenseite wechselte.

Stand er dann am nächsten Tag wieder vor mir im Büro, in der Hand erneut einen Stapel völlig unbrauchbarer Texte, fragte ich mich, ob er wirklich so stumpf war und den Hass in meinen Augen nicht erkannte. Er war so stumpf. Anders konnte ich es mir nicht erklären, dass er mir nach einer verheerenden Kritik immer und immer wieder den gleichen Dreck ablieferte. Der Grund für seine Frechheit lag natürlich darin, dass er wusste, dass ihm nicht wirklich was passieren konnte. Dumme Menschen haben einen ausgeprägten Instinkt, haben sie von unseren direkten Verwandten, den Affen. Jonas, der Schimpanse. Und wie man die Primaten im Zoo mit kleinen Spielchen bei Laune hält, so gab ich ihm bald vermeintlich wichtige Texte und verwies nach Drucklegung auf den Kunden, der im allerletzten Moment noch Korrekturen hatte. Tut mir leid, Jonas! Hoffte, mit dieser Taktik möglichst lange verhindern zu können, dass mir dieses Untalent meine Arbeit verhagelte. Brauchte frischen Wind in meiner Mappe, kam zuletzt nicht viel zusammen.

»Übrigens, Henk, nimm dir mal am letzten Freitag im Februar nichts vor. Da fahren wir alle nach Düsseldorf«, sagte Veruschka eines Morgens.

»Nach Düsseldorf? Besuchen wir die Zentrale der Agentur?«, fragte ich. Ihre Augen funkelten freudig. »Besser, viel besser! Die Agentur feiert ihr fünfzigjähriges Bestehen in Deutschland. Groß, ganz groß wird das. In einer Riesenhalle, mit Showacts und allem Pipapo. Da kommen über 500 Leute aus allen Niederlassungen, das wird lustig!«

Es war ein offenes Geheimnis in der Agentur, dass Veruschka gern und viel feierte. Sie war solo und ließ keine Gelegenheit aus, diesen Umstand zu betonen, auch mir gegenüber nicht. Prinzipiell war ich nicht abgeneigt, aber *fang nie was mit Kollegen an*! Hielt mich seit geraumer Zeit dran, okay, Nele war eine Ausnahme gewesen, eine allerletzte. Und wir arbeiteten nicht in derselben Agentur. Bei meiner langjährigen Freundin – der Nachfolgerin von meiner Sophia – und mir war's so gewesen: In unserer Beziehung redeten wir Tag und Nacht nahezu ausschließlich über Werbung, selbst unsere gemeinsamen Freunde kamen aus der Branche. Was nach der

Trennung natürlich jede Menge Konflikte heraufbeschwor. Mittlerweile hatten wir keinen Kontakt mehr – nach anfänglichem Frieden war die Auflösung der gemeinsamen Wohnung dann doch ein schmutziger Kleinkrieg geworden. Erst lieben sich zwei, dann bekriegen sie einander. Ich habe es erlebt und bin so schlau wie zuvor. Liebe, Kriege – liegen so nah beieinander, dass man kotzen könnte. Jahrelang ohne Unterlass.

Überhaupt passte Veruschka nicht in das Beuteschema des einsamen Wolfes, zu dem ich mich in rasendem Tempo entwickelte. Aber bei so einer Riesensause war immer ein Abenteuer drin, ich meine, solange sie nicht aus Berlin kam, konnte's mir doch wurscht sein. Wollt eh nicht ewig in dem Laden bleiben.

»Klar, komm ich mit. Wie läuft's mit der Unterbringung?«

»Wenn du jetzt zusagst, buch ich dir gleich ein Bett in einem Doppelzimmer. Musst nur entscheiden, mit wem du das Zimmer teilen willst. Stehe gern zur Verfügung.« Sie lachte, aber es klang nur wie ein halber Scherz.

Hätte sogar zugestimmt, wenn nicht die Gefahr bestanden hätte, dass es doch zum Austausch von Körperflüssigkeiten kommen würde. Andererseits: Mit welchem Mann sollte ich das Zimmer teilen? Fiel mir niemand ein. Damals in Hamburg war das anders gewesen, da gab's immer einen Texterkollegen, mit dem man's aushalten konnte. Und keine schwulen Texter. Heute war alles anders. Allerdings waren Einzelzimmer einzig für die Geschäftsführung vorgesehen. Aber mein guter Draht zu Uschi vom Empfang – *ich hab auch keine Lust, mit so 'nem jungen Ding in einem Zimmer zu pennen* – brachte mir ein Zimmer für mich allein ein. Ich sag's euch: Sich immer schön gut stellen mit den Mädels vom Empfang und mit den Sekretärinnen, pardon Assistentinnen vom Chef, ist Gold wert!

An einem grauen Wintermorgen war's so weit, stiegen etwa fünfzig Leute in einen Lufthansa-Flieger nach Düsseldorf. Die Geschäftsführung folgte eine Maschine später. Dachte so bei mir, was wohl schlimmer für RRK wär, sollte eine von den Boeings abschmieren: der Verlust sämtlicher Mitarbeiter oder der Tod der Agenturführung. Kamen beide sanft und sicher runter. Das Hotel war eine annehmbare Vier-Sterne-Bude, in der Indianer und Häuptlinge gemeinsam untergebracht waren. Aha, einen Hotelbrand fürchteten sie also nicht annähernd so sehr wie einen Flugzeugabsturz!

Am frühen Abend sollte es per Bus in die Halle des fröhlichen Feierns gehen, bis dahin konnte jeder tun und lassen, was er wollte. Die meisten machten sich auf den Weg in die Innenstadt, um sich entweder auf der Königsallee mit Hummer und Champagner in Stimmung zu bringen oder in einer der sogenannten urigen Kneipen in der Altstadt mit süffigem Bier das Gleiche zu erreichen. Henk Bader war heilfroh, ein paar Stunden Ruhe zu haben, und genoss den Aufenthalt in seinem Hotelzimmer. Minibar gut gefüllt, gönnte mir zwei Gin Tonic und machte mir's gemütlich. Schrieb erstklassige Texte, hielt meine Termine ein, da machte ich mir keine Gedanken, ob ich mich mit meinem Verhalten ausgrenzte. Zumal ich in der Agentur stets hier und da ein Schwätzchen mit Kollegen hielt. Der Rest war mir ziemlich schnurzpiepe.

Punkt sechs war ich in aufgeräumter Stimmung unten und ließ mich wie alle anderen zum Ort der kommenden Ausschweifungen fahren. Die Halle war tatsächlich riesig und sie war arschkalt. Was war das eigentlich für ein Ort? Nun, das sollte noch früh genug herauskommen.

Innerhalb einer Stunde fuhren immer mehr Busse vor und spuckten so ziemlich alle deutschen Mitarbeiter von RRK aus. Was wäre, wenn in der Halle ein Feuer ausbrechen würde?

Schaute mich nach Notausgängen um, die dann doch zahlreich vorhanden waren. Wir standen an Stehtischen in einer Art Vorhalle rum, die durch riesige Türen von der Haupthalle getrennt war. Eifrige Bedienungen servierten Sekt und Wein, ich hielt mich mit Rotwein warm. Punkt acht öffneten sich die Türen und ich fühlte mich an den Moment erinnert, in dem die Sängerin in Fassbinders *Lili Marleen* die Türen zur Privataudienz bei Hitler öffnet. Gleißendes Licht! Ein Raunen ging durch die Menge und wir schritten staunend in einen gigantischen, reich dekorierten Partytempel. An der Decke hing eine Discokugel, so groß wie der Mond, das Ding malte Tausende Lichtflecken in jede Ecke der Halle und machte mich bissken schwindlig. Hätte Fassbinder nicht besser hinbekommen, auch nicht den Eklat, der folgen sollte.

Die Kugel stellte ihr Trommelfeuer ein, drei Spots folgten, die die Bühne in weißes Licht tauchten. Und da standen sie, die drei weißhaarigen Herren aus New York, die vor fünfzig Jahren die Agentur gegründet hatten: Mister Rosenzweig, Mister Richards und Mister Katz, zusammen ergaben die Anfangsbuchstaben ihrer Nachnamen den Agenturtitel. War nicht schwer zu erkennen, dass zwei von ihnen Juden waren, womöglich sogar mit Vorfahren aus Deutschland, die es nicht rechtzeitig in die Emigration nach Amerika geschafft hatten. Gedanken, die sich auch der Deutschlandchef von RRK hätte machen können. Heiner Neumann ergriff nämlich als Erster das Wort und rief der Meute zu: »Willkommen, People von RRK! Ich bin sehr stolz, Sie alle hier begrüßen zu dürfen. Hier in diesen fantastischen Hallen.«

Freundlicher Applaus, kleine Jubeleien von denen, die schon ein paar Gläser intus hatten.

»Es sind geschichtsträchtige Hallen, in denen wir heute feiern wollen. Denkmalgeschützte Hallen, in denen die große

deutsche Firma Krupp ihre legendären Produkte fertigte.«
Oha! »Aber wo einst Panzer gebaut wurden, wollen wir heute
ein friedliches Fest feiern, zusammen mit den Gründern dieser
fantastisch erfolgreichen und kreativen Agentur!«

Das mit dem friedlichen Feiern war ja okay, aber man
hätte den Ehrengästen aus Amerika vorher schon was von
der Sache mit Krupp und den Panzern erzählen sollen.

Nachdem Neumann das Wort an die Gründer übergeben
hatte, schauten die Graumelierten einander kurz ratlos an,
traten dann alle drei ans Mikro und sagten mit pikiertem
Unterton nur: »Enjoy the party!« Danach verließen sie fluchtartig die Bühne und wurden die ganze Nacht nicht mehr
gesehen. Mochte nicht in Neumanns Haut stecken.

Kaum waren die Bretter frei von Werbemenschen, füllte ein
strahlend weißes Grinsen, das die Hälfte eines pechschwarzen
Gesichtes einnahm, die Bühne. Stampf, stampf, Disco-Fox.
Das Grinsen brüllte: »*Ein bisschen Spaß muss sein!*« Roberto
Blanco, der schwarze Büffel unter den Schlagerstars. Das
meinten die doch wohl nicht ernst. Die Menge johlte. Über
Jahrzehnte war deutscher Schlager so gut wie tot gewesen,
aber eines Tages war er dank einer neuen Partylaune wieder
ans Tageslicht gekommen und begeisterte nun nicht mehr nur
Rentner, sondern auch das junge Volk. Na, sie meinten es
nur ironisch, natürlich! Man konnte glücklich sein, dass sie
nicht Heino gebucht hatten. *Kein schöner Land in dieser Zeit*,
das wär's doch gewesen – zu Neumann hätte es zumindest
gepasst, der war immer gut für ein Fettnäpfchen.

Gern erzählte man sich die Geschichte, wie ihn sein über-
höhter Testosteronspiegel – nicht zum ersten Mal – über-
mannt hatte. Nach einem langen Vormittag wollte er sich vor
dem ersten Nachmittagstermin schnell was zu futtern ausm
Supermarkt um die Ecke holen. Dort fiel ihm eine attraktive

Brunette auf, von der er nicht mehr lassen konnte, die er geradezu durch die Gänge verfolgte, bis sie sich das verbat und ihn kühl abblitzen ließ. Er schlich mit seinem Würstchen zurück in die Agentur. Um 14 Uhr wartete sein Termin im Konfi – ein Bewerbungsgespräch. Dummerweise genau die Frau, die er zehn Minuten zuvor belästigt hatte. Das Gespräch war schnell beendet, die Dame zog es vor, nicht seine Assistentin zu werden. Später traf man sich auf diversen Veranstaltungen, wo sie dann süffisant die Geschichte zum Besten gab. Neumann erfuhr wohl nie, dass es die halbe Branche wusste.

Haute Roberto alle seine Gassenhauer raus und brachte die Menge zum Kochen. Sah sie alle tanzen, die Kollegen, die Kunden, keiner von denen schien von dem peinlichen Vorfall in seiner Feierlaune beeinträchtigt worden zu sein.

Und Henk? Der dachte sich: Wo ich schon mal hier bin, kann ich mich doch mal umschauen. So ganz unverbindlich. Gruppen von Girls kannste vergessen. Nein, du musst das Tierchen entdecken, die sich von der Herde entfernt hat. Aus welchem Grund auch immer. Pirschte durch die Reihen, auf der Suche nach diesem Solitär, nach dieser einen, dieser einzigen Chance. Viel mehr bekommst du an so einem Abend nicht. Und ich fand sie. Versteckt an einem der hinteren Stehtische lachten mich zwei blaue Augen an, ein zauberhaftes Wesen und somit eine echte Rarität unter all den Werbeleuten. Um das Klischee vollständig zu bedienen, trug das blonde Mädchen auch noch komplett weiße Sachen – die personifizierte Unschuld!

Der Engel war Praktikant bei RRK Düsseldorf. Ich musste mich schon sehr zurückhalten, um die Kleine nicht sofort zu packen, ins Hotelzimmer zu verschleppen und dann über sie herzufallen. Ihr Charme war betörend, ein freches Küken, kein Parfüm störte den Niveaduft, der sie in eine kleine Wolke hüllte. Sie war 19, meine Güte!

Stieg auf Gin Tonic um, damit ich in Fahrt kam, aber nicht den Faden verlor, und versorgte die süße Julia mit Sekt. Enthemmt genug, vergrub ich meine Nase in ihren nach Apfelshampoo duftenden Haaren und küsste zart ihr Ohr. Kichernd wich sie zurück. Noch mehr Sekt! Nein, sie bestand auf Apfelschorle.

Mittlerweile hatte man mich entdeckt und dazu natürlich meine bezaubernde Eroberung, die wohl auch die Traube von Fans angezogen hatte, die uns umgab. Die Chance war dahin. Konnte ihr nur noch meine Karte zustecken und mich der Nacht entgegentrinken.

Sie meldete sich tatsächlich zwei Wochen später, wir telefonierten paar Mal, dann war auch das vorbei. Das Mädchen machte danach Karriere in der PR, verlor auf diesem Weg alles Mädchenhafte und wurde zur hochprofessionellen Eventmanagerin, die mir noch oft mit hochprofessionellem Lächeln aus diversen Fachmagazinen entgegengrinste. Das war schlimm und ein herber Verlust. Trafen uns sogar zwei Jahre später in einer Berliner Bar. »Henk! Schön, dich wiederzusehen. Darf ich dir meinen Freund Dominik vorstellen? Wir ziehen auch bald nach Berlin!« Dominik war der Chef der PR-Agentur, in der Julia arbeitete. Schade für Berlin, für mich, für Julia. Gut für Dominik.

Trank mich nach Julias Verschwinden in Trance, tanzte ebenso wild wie alle anderen. Plötzlich flog eine Frau an mir vorbei und schlug lang hin. Moment, die kannte ich doch, ja, Veruschka war noch betrunkener als ich. Die gute Seele mit dem immer leicht verlorenen Blick schien mir für dieses Geschäft eindeutig zu sensibel. Der Sturz hatte nicht gut ausgesehen, aber es kümmerten sich gleich andere um sie, nicht mein Bier. Kam Nebel, viel Disconebel, und aus den Schwaden tauchten drei sehr dicke schwarze Frauen auf. *Welcome The*

Weather Girls! Wumm, wumm, wumm, mochte die lebenslustigen Discoladys und tanzte mich bis zum Bühnenrand durch. Viele Songs hatten sie ja nicht auf Lager, nach zwanzig Minuten versetzten aber die ersten Töne von *It's raining men* die Menge in Ekstase, mich inklusive. Schließlich streckte mir eines der Wettermädchen die Hand entgegen und zog mich auf die Bühne. Stand da als bleicher Gringo zwischen fröhlichen farbigen Hüften, die wackelten und mich anstupsten, um es ihnen gleichzutun. Tat ich – und wie! Grölte, tanzte, lachte und gab mich einer ungezügelten Lebensfreude hin. Vor mir hundert in die Höhe gestreckte Arme, war ich der Star, glänzte als Rampensau im Licht der Schweinwerfer. Liebt mich! Umarmt mich! Rettet mich!

Aber sie liebten natürlich die Weather Girls. War der Song vorbei, der Nebel verflogen, ich wieder unten, Matrose Henk im Meer der Banalität. Vom Rest der Nacht bekam ich nicht mehr viel mit, irgendein gnädiger Kollege schleppte mich in den Shuttle-Bus zum Hotel.

Wachte um zehn am nächsten Morgen auf, als eine Putzkraft mit dem Staubsauger an meine Tür stieß. Lag mal wieder in voller Montur quer auf dem Bett. Alleine. Oh Julia, wo bist du?! War auf den letzten Drücker am Frühstücksbüfett, wo ich mich fast ins Rührei übergab.

Veruschka hatte's noch übler erwischt: Sie hatte sich den Fuß gebrochen. War bald im Gespräch, dass ich an ihrer Stelle zum Shooting in die USA fliegen sollte. Ein Salzsee im Mormonenstaat Utah, oha! Auf der Suche nach noch nie da gewesenen Motiven pflügten die Agenturen den gesamten Erdball um. Denken viele, so ein Shooting an einem exotischen Ort wäre wie Urlaub. Großer Irrtum: Du wartest auf das richtige Wetter, das richtige Licht, wartest elendig lange Zeiten in einem Wohnwagen darauf, endlich loszulegen. Kommt noch der Kunde dazu, der selbst an so einem Ort jenseits von Gut und Böse nichts anderes zu tun hat, als sein neues Modell – das sich kaum vom alten unterscheidet – panisch unter Stoffhüllen zu verstecken. Selbst dann noch, wenn *der* Moment da ist, wo Sonne, Wind und überhaupt alle Bedingungen stimmen. Steht der Wagen schließlich hüllenlos und gewienert da, hat's sich die Sonne schon wieder anders überlegt.

War heilfroh, diesen Wahnsinn nicht mitmachen zu müssen. Veruschka hielt es zu Hause nicht aus und konnte alle Beteiligten schließlich davon überzeugen, dass ein gebrochener Fuß bei so einem Shooting kein Hindernis darstellte. Das war wirklich meine Rettung, zumindest vor dem Salzsee.

Auch ohne den See wurde alles immer schlimmer. Entwickelte ein immer mehr ausuferndes Verlangen nach Belohnung in Form von Kuchen, Drinks, Zigaretten und nahm Kilo um Kilo zu.

Ich, der dünne Hering, der noch mit Mitte zwanzig Jeansgröße 28 getragen hatte, der bisher immer sein Gewicht von etwa 71 Kilo gehalten hatte, dieser dünne Hering wurde zum fetten Karpfen. In drei Monaten RRK ging ich auf in der Hefe des Unwohlseins und legte fast 15 Kilo zu. Blieb nicht nur mir verborgen, machten sich schon welche lustig, ob ich nicht schwanger wär, solche Witze. Sie ahnten nicht, wie schwer es mir fiel, mich morgens überhaupt zu motivieren. Nahm schon den Hintereingang, um nur ja niemandem über den Weg zu laufen, wenn ich erst um zehn und schweißnass in der Agentur ankam. Nimmersattes Krokodil Werbung fraß mich auf. Sie hatten auch keinen blassen Schimmer davon, wie mir meine Finanzen entglitten. Verdiente ja im Vergleich zur Restbevölkerung nicht schlecht, aber immer noch viel weniger als zuvor und brachte halt 'ne Menge Kohle durch, um die ganze Chose durchzustehen.

Die giftigsten Vipern waren die Kreditkartenunternehmen. Nachdem mir der Sparkassen-Schwarz meinen Dispo gekürzt hatte, platzten die Kreditkartenzahlungen im Stundentakt. War nicht unschuldig daran, hatte das Unheil kommen sehen, aber bei einigen Dingen noch mal richtig zugelangt. Vernichtete das Geld durch mehr und mehr Genuss, der am Ende keiner war. Dachte, sie kämen mit den üblichen Schreiben, aber nein, sie riefen an, penetrant, sogar am Wochenende. War mir bis dahin unbekannt gewesen, dass man Menschen wie Schäferhunde abrichten konnte, die dann Schuldnern per Telefon entgegenbellten und ihnen die Ohren abrissen.

Klingelte es eines Morgens sogar an der Tür, klingelte Sturm und hörte nicht auf. Stand eine von den Bestien leibhaftig vor mir und fletschte die Zähne, von wegen, ich wäre mit den Raten für den Saab im Rückstand. Entweder sofort zahlen oder sie nähmen ihn gleich mit. Trat nach dem Hund und jagte ihn die Treppe runter. Aus dem Fenster sah ich dann, wie sie den schönen alten Schweden an den Haken nahmen und einfach so abschleppten. Weg von mir. Keine Kraft mehr, danach in die Agentur zu gehen. Ließ mich für 'ne Woche krankschreiben.

Kehrte zurück, kroch nur noch durch die Tage und offenbarte Veruschka dann, dass ich nächsten Monat aufhören würde. Keine Verlängerung, schon gar keine Festanstellung. Näherte mich dem absoluten Nullpunkt und wollte nur noch schlafen, schlafen, schlafen. War ich also ohne Job, ohne Auto und ohne Kredit. Nahm die *Gelben Seiten* und suchte nach einem neuen Therapeuten, wieder mal.

FÜNFTES KAPITEL

Rückkehr in den Mutterleib

unmöglich

Termin

vier hilft nächsten acht schienen sprichst

Wunder

geben täglich Zahl schienen Geschäft schlimmer hervorragend

Depression

Entweder Leute Jahren schon

nie stieg schlimmer hervorragend

geradezu Erkrankten Hinweis Rückruf

Privatversicherung

Wochen

bekommst

Anrufbeantworter

Anfang April, der Frühling in Berlin kann schnell warm werden, die Sonne heizt die Stadt dann schon mal gern auf zwanzig Grad auf. Bekam davon nicht viel mit, lag bei zugezogenen Vorhängen tagelang im Bett, die Erschöpfung hatte mich vollends im Griff, das Leben lief in Zeitlupe ab. Die Einsamkeit war kaum auszuhalten, ebenso wenig wie die allgegenwärtige Abwesenheit von echtem Schlaf. Klar, kannte das schon, aber auch wer Schmerzen kennt, empfindet sie dennoch immer wieder aufs Neue als Qual. In meinem Kopf liefen wahre Horrorszenarien ab, sah mich schon als Obdachlosen. Meistens fiel mir Sophia als allerletzte Rettung ein, aber ich wollte nicht nach Hamburg zurück, noch nicht.

Erst musste ich einen verdammten Therapeuten finden, der mich in eine Klinik einweisen würde. Wusste, dass es schwer werden würde, aber nach einigen vergeblichen Versuchen erschien es mir nun geradezu unmöglich. Entweder sprichst du auf einen Anrufbeantworter und bekommst nie einen Rückruf oder sie wollen dir einen Termin in vier bis acht Wochen geben. Da hilft auch kein Hinweis auf die Privatversicherung. Diese Leute schienen alle hervorragend im Geschäft zu sein. Kein Wunder, die Zahl der an Depression Erkrankten stieg täglich und es sollte noch viel schlimmer werden in den nächsten Jahren. Vielleicht sollte ich umschulen, ha, der Bock wird zum Gärtner und heilt alle anderen, nur sich selbst nicht.

Einer von den Vielbeschäftigten gab mir den entscheidenden Tipp: »Am besten, Sie wenden sich an einen Psychiater. Viele von den Psychotherapeuten haben gar keine entsprechende Ausbildung, können Sie gar nicht krankschreiben oder Ihnen Medikamente verordnen. Bei einem promovierten Psychiater sieht das ganz anders aus.«

Darauf musste man erst mal kommen. Hatten nur eine rudimentäre Ausbildung und spielten dann die Superheiler!

Einen Anruf später hatte ich meinen Termin. Doktor Hans Banse war ein dicklicher Kahlkopf, der mich an den Wissenschaftler aus der *Muppet Show* erinnerte. Ein lustiger Assistent wie Beaker fehlte ihm allerdings. Dafür war Doktor Banse selbst ein wenig überdreht. Kaum hatte ich ihm meine Symptome geschildert, sprang er auf und rief: »Ich weiß, was Sie sind! Sie sind ein Bipolarer!«

Na, was mir schon alles angedichtet worden war, egal, nun war ich erneut ein Bipolarer, manisch-depressiv. Eine weitere Fehldiagnose, wie sich bald herausstellen sollte. War mir wurscht, kam ja nicht wegen der Diagnose, brauchte eine erneute Krankschreibung und ein kurzes Gutachten für die Krankenversicherung, damit ich möglichst bald in eine geeignete Klinik einrücken konnte. Und da zeigte sich der Kugelfisch Banse kooperativ.

»Wir können uns die Auseinandersetzung mit Ihrer Krankenversicherung auch sparen, wenn Sie sich auf direktem Weg in eine Akutklinik begeben. Ich kenn da eine im Grunewald …«

»Nein, bitte nicht! Die kenn ich schon und ich möchte nicht noch einmal dahin!«, lehnte ich seinen sicher gut gemeinten Vorschlag ab. So schrieb er sein Gutachten und stellte mir die ersehnte Krankmeldung aus. Das Geld von RRK ging zur Neige, da war ich bald auf das Krankentagegeld der Versicherung angewiesen. Und nicht mehr lang und ich würde den Versicherungsbeitrag nicht mehr zahlen können, ja, und dann würde die Hölle losbrechen. Mir ging es dreckig und ich war weder auf den Himmel noch auf die Hölle scharf, wollte einfach nur wieder ins Lot kommen, ein Leben führen, das nicht von Krankheit, Ärzten oder einer Versicherung bestimmt war.

Ging die Warterei los – auf die Reaktion der Versicherung, aufs Geld. Und mir graute schon vor dieser bleiernen Zeit.

Klingelte es eines Mittags. Nach der Erfahrung mit dem Jäger der säumigen Zahler ging ich nicht mehr zur Tür. Dann bimmelte das Handy, war Björn dran. »Mein Lieber, du wirst es nicht glauben, aber ich steh vor deiner Tür!«

Für eine Überraschung war mein alter Kumpel immer gut, dafür mochte ich ihn.

War er oben, legte er gleich los: »Hatte einen kurzfristigen Kundentermin in Berlin. Das war so geil, ich meine, bin mit meinem neuen Firmenwagen hergebrettert. Hab jetzt einen X5, Mann, so eine geile Kiste!«

Mit Björn konnte ich über Autos schwärmen wie mit keinem anderen Menschen, war er doch so herrlich unvernünftig und verliebte sich stets in Karren, die ihm die Haare vom Kopf fraßen. Zuletzt war's ein 75er 450 SEL, den er erst mal in schwarz lackieren ließ und dann noch mit allerlei originalen Extras aufrüstete, sodass die Karosse wie der ehemalige Wagen des Bundespräsidenten dastand. Nur ohne die Panzerung. Sein letzter Firmenwagen war ein voll ausgestatteter Alfa 156 gewesen, italienische Eleganz. Aber ein BMW X5? Das war deutsche Panzerbaukunst, ein Auto für die, die immer oben sitzen und auf andere herabschauen wollen, die Vorhut einer Flut von monströsen Geländewagen, die schon bald über die Straßen rollen sollten. Hier komm ich, mach Platz, sonst zerquetsche ich dich! Behielt meine Enttäuschung für mich, ich, der Liebhaber von eleganten Formen.

»Sag mal Alter, du siehst aber schlecht aus. Hast wohl letzte Nacht wieder gesoffen, was? Mann, sauf nicht so viel!«

Aus meiner Enttäuschung wurde Erschütterung, fand erst keine Worte für seine unsensible Entgleisung. »Björn, bitte, ich stecke in einem Tief, hab Depressionen.«

»Wie? Depressionen? Du hast gesoffen und warst wieder bei den Nutten, sehe's dir doch an.« Er hörte nicht auf, mich mit gedankenlosen Phrasen zu beschießen, sie trafen mitten ins Ohr, ins Zentrum meines Tinnitus, meine empfindlichste Stelle. Konnte solch einem Terror nicht standhalten.

Wandte mich ab, holte tief Luft und sah keinen anderen Ausweg: »Björn, ich bitte dich zu gehen. Auf der Stelle!«

Das hatte er noch nicht oft gehört, staunte mich mit aufgerissenen Augen an, rührte sich aber nicht.

Ich wurde laut: »Björn, da ist die Tür. Und komm bitte erst wieder, wenn du den Unterschied zwischen einem Kater und einer Depression begreifst!«

Im Rausgehen murmelte er noch »Wichser« und war dann endlich verschwunden. Wieder einer weniger. Aber sollte ich so tun, als wenn's mir gut ginge? Die Menschen kamen mir immer mehr wie eine Art vor, der es eklatant an Empathie mangelte.

Henk, Henk! Warst du früher nicht auch so ein rücksichtsloser Egoarsch?, fragte mich mein Gewissen. Gute Frage, ich überlegte ein paar Minuten. Die Antwort: Ego ja, Arsch nein. Fragt Sophia!

Mied in der folgenden Zeit nächtliche Streifzüge, sämtliche Bars, die Oranienburger, selbst Toni. Nur Rolf blieb ich treu, er versorgte mich zuverlässig mit den neuesten Nachrichten aus dem Kiez, gutem Wein und dem hübschen Anblick seiner Tochter. Das kecke Wesen mochte so um die 14 sein und war nicht so kichernd-doof wie andere Mädchen in dem Alter. Wenn die Kleine aus der Schule kam und mit ihren strohblonden Haaren in seinen Laden wehte, kam in mir so was wie Hoffnung auf. Ihre natürliche Lebenslust hielt mich, zusammen mit dem Glas Rotwein, an dem ich gerade nippte, für die nächsten Stunden im Spiel. Rolf entging nicht, dass ich mit ihr konnte und stets ein kleines Schwätzchen hielt. Nahm er mich irgendwann mal zur Seite und wurde bierernst: »Wenn du meiner Tochter nachstellst, sind wir geschiedene Leute.«

Klar, verstand ihn, ein Vater wacht über seiner Tochter und möchte natürlich vermeiden, dass sie zum Objekt der Begierde eines Erotomanen gerät. Erzählte ihm nichts von dem kleinen Glück, das seine Charlotte in mein Leben brachte. Auch nicht davon, dass ich keinerlei explizite Gedanken im Kopf hatte, wenn ich sie sah. Nein, ich antwortete ebenso ernst: »Rolf, mein Lieber, ein Freund und seine Familie sind mir heilig. Ich mag zwar auf junges Gemüse stehen, aber nicht auf Teenager, vertrau mir.« Damit war das Thema erledigt, und ich konnte weiterhin genau zu der Zeit vor Ort sein, wenn seine Charlotte aus der Schule kam.

Und schließlich erreichte sie mich, die gute, nein, die beste Nachricht seit Ewigkeiten: Meine Versicherung stimmte einem vierwöchigen Aufenthalt in einer psychosomatischen Klinik zu. Aber sie machten Tempo und setzten mir eine Frist von zwei Wochen, um eine Klinik auszusuchen. Ansonsten würden sie mir eine aus ihrem Pool zuweisen – das durfte natürlich nicht geschehen. Der Banse hatte mir welche empfohlen und ich machte mich im Internet gleich daran, einen angenehmen Ort zu finden, an dem ich wieder Mensch werden konnte. Und kein vor sich hin vegetierendes Wesen.

Banses Favorit war das Sanatorium Doktor Barner in Braunlage. Ein echter Zauberberg, fehlte nur noch Thomas Mann, der neben einem auf der Liege schlummerte. Ein Traum! Leider bis zum Winter ausgebucht. Dann vielleicht die in Kassel, Habichtswald? Na, die hörte sich nicht übel an. Ein Anruf bei denen ernüchterte mich aber gleich wieder. Sie setzen da völlig auf *alternative* Medizin, obendrauf gab's ayurvedische Kost. Beides hatte ich in keiner guten Erinnerung. War nach dem Tod meines Vaters bei einem homöopathischen

Arzt gewesen, weil ich nicht gut schlief. Hatte er mir absolut wirkungslose Kügelchen mitgegeben und dann noch in sein Datenblatt was von »*wiederholter depressiver Verstimmung*« geschrieben. Leuchteten gleich alle Alarmlampen bei meiner privaten Versicherung, die ich gerade abgeschlossen hatte. Von wegen ich hätte ihnen schwerwiegende Vorerkrankungen verschwiegen. Dazu kam eine Liebschaft mit einer Frau, die streng nach ayurvedischen Rezepten kochte. Noch nie zuvor in meinem Leben hatte ich derartige Blähungen, hatte stundenlang furzen müssen, selbst beim Sex. Also Kassel streichen.

Ah, Chiemsee, schönstes Alpenpanorama! Rief bei denen an und verstand die Frau kaum. Gehörte zu ihrem Konzept, dass es keinen Fernseher gab. Vier Wochen ohne Fernsehen? Gut, die Glotze wurde dank der privaten Sender immer blöder, aber so ganz verzichten? Nun ja. Und erst die Anreise! Über neun Stunden Fahrt, zweimal umsteigen. Also, beim besten Willen! Außerdem lag Bayern schon sehr weit im Süden, ich meine, keine Vorurteile, aber anlässlich eines Jobs hatten sie mich mal in einem Hotel in Starnberg einquartiert. Starnberg! Da, wo die Millionäre sich gegenseitig auf die Füße treten. War bereits die Einrichtung des Zimmers grenzwertig gewesen: Nussbaum, total im Bauernstil, schwer und säuerlich in der Ausstrahlung. Auf den Nachttischchen hatten die Glasränder vergeblich versucht, die olympischen Ringe nachzuahmen. Ging ich am Morgen unter die Dusche und da kämpften doch tatsächlich eine Kakerlake und eine nicht eben kleine Spinne um die Vorherrschaft in der Nasszelle. War ich bedient und verließ fluchtartig diesen Ungezieferzuchtbetrieb. Bayern also auch nicht.

Fand dann eine in Diekholzen. Wo liegt das denn? Im Vorharz, nahe Hildesheim. »Inmitten sanfter Hügel, als wären Sie in der Toskana.« Ich war schon in der Toskana und da sah es definitiv anders aus. Aber das Haus selbst hatte Charme und die freundliche Stimme am Telefon gab mir ein gutes Gefühl.

»Einzelzimmer?«

»Selbstverständlich!«

»Auch abschließbar?«

»Natürlich, Herr Bader.«

»Fernseher?«

»Kostenlos für Privatpatienten.«

»Kurzfristig ein Zimmer frei?«

»In drei Wochen, wenn Sie wollen.«

Ich wollte und ließ mir den Aufnahmebogen zuschicken. Obendrein boten sie einen Abholservice vom Bahnhof Hildesheim an. Der ICE fuhr bis dahin durch, gab sogar noch einen Bus bis Diekholzen, aber den wollten sie ihren Patienten wohl nicht zumuten. Knapp zwei Stunden Fahrt ohne Umsteigen, das hörte sich gut an.

Der Aufnahmebogen bot keine Überraschungen, nur die üblichen Fragen, die ich ebenso auswendig kannte wie die Antworten. War nun mal Standard. Von wegen welche Beschwerden man hat, ob man zuletzt Gedanken an Selbstmord gehegt hat, Vorerkrankungen in der Familie und so weiter und so fort. Das erstreckte sich über Seiten. Und natürlich, ob man die Behandlung durch den Chefarzt wünscht. Die Kliniken mögen das, können sie dann noch mal eine extra Rechnung stellen, die stets saftig ausfällt und an den Patienten geht. Alle anderen Kosten für den Aufenthalt in der Klinik rechnen sie direkt über die Versicherung ab.

Knapp eine Woche später hatte ich das Okay ausm Vorharz und erhielt sogar einen Anruf vom Chefarzt persönlich. Fünf Minuten Geplänkel am Telefon, kurze Analyse des Fragebogens, ja ein Burn-out, wie es mir aktuell gehen würde, und dann war das Gespräch auch schon beendet. Na, konnte er schon den ersten Posten auf seine Rechnung setzen. Aber er wirkte immerhin agiler und interessierter als die Frau Professor vom Grunewald. Ich hatte eine Spur Hoffnung.

Stand ich zwei Wochen darauf am Bahnsteig mit zwei Koffern und meiner Laptop-Tasche. Der ICE war knüppeldicke voll, aber ich hatte einen Platz reserviert. Das Gepäck für vier Wochen zu verstauen, wurde schon schwieriger. So ein ICE war offensichtlich in erster Linie auf Businesskunden ausgelegt. Konnte noch von Glück reden, dass keine Ferienzeit war. Kommen die Familien mit ihren Kindern und Tonnen von hässlichem wie sperrigem Gepäck und machen eine Bahnfahrt gern zu einem Höllentrip.

Setzte mich auf meinen Platz am Gang, wo man wenigstens die Beine ausstrecken konnte und nicht ständig den Sitznachbarn bitten musste aufzustehen, wenn man der Enge entfliehen wollte. Noch war der Fensterplatz frei und ich betete, es möge sich da ein angenehmer Mensch hinsetzen, am besten natürlich eine Frau, die mich die nächsten zwei Stunden mit ihrer Grazie und dem Duft ihres Parfüms betören würde.

Nächster Halt Spandau und sie kam tatsächlich: eine große, dunkle Schönheit mit frechem Zopf. Ein Model! Machte mich bereit, ihr galant den Platz anzubieten. Aber das Glück dieser Welt ging an mir vorbei und setzte sich schräg rechts hinter mich. Sie hinterließ eine Chanel-Wolke, die ich begierig einsog, reckte meine Nase weit in den Gang hinein. Himmlisch!

Aber was war das? Chanel mischte sich plötzlich mit beißendem Schweiß. »Entschuldigung, ich glaube, das ist mein Platz.«

Fuhr hoch und erschrak – vor mir baute sich ein kolossaler Pinguin auf, mit seinen abstehenden Stummelflügeln hielt er links einen Geigenkasten und rechts eine überquellende Plastiktüte. Das Unglück dieser Welt stellte erst seine Geige auf den Sitz am Fenster und versuchte dann schnaufend, die riesige Plastiktüte ins volle Gepäckfach über uns zu quetschen. Während dieser Turnübung schob sich zwischen Hosenende und Hemdanfang ein Ring weißen, fetten, haarigen Fleisches hervor, der nur Zentimeter von meinen aufgerissenen Augen entfernt vor sich hin wabbelte. Hatte ich einen dieser Zooträume, in dem mich wilde Tiere jagen und aus dem ich in dem Moment aufwachen würde, in dem das Raubtier zubeißt? Ein fetter Pinguin ist alles, aber keine Bestie, beruhige dich, Henk!

Stand auf und der flugunfähige Vogel presste sich in seinen Sitz. Pinguin egal, auch einen Otter oder ein Warzenschwein hätte ich klaglos akzeptiert. Nur nicht diesen Geruch! Statt einem Deo hatte er sich offensichtlich ein Zwiebelmettbrötchen unter die Achseln gerieben.

Meiner latenten Übelkeit zum Trotz kamen wir ins Gespräch. »Henk Bader. Bin auf dem Weg zu einer Kur.«

Der zwiebelige Pinguin besaß für seine Körperfülle eine überraschend hohe Stimme: »Arved Braun, Geiger. Ich fahre nach Hannover zu einem Vorspielen bei den Symphonikern. Und bin sehr aufgeregt, wie Sie sich vorstellen können.«

Schaute auf den schwarzen Kasten, den er zwischen seinen Beinen fast zerdrückte, und fragte ihn halb im Scherz: »Ist da eine Stradivari drin?«

Er gab ein helles, herzliches Lachen von sich, das seinen massiven Körper in Schwingungen versetzte: »Mein Herr, natürlich nicht! Aber man muss sein Instrument lieben, auch wenn es keine Millionen wert ist. Es ist immer ein Juwel!«

Der schwitzige Fiddler war herrlich altmodisch und wurde mir sympathisch. Erzählte mir noch, warum er überhaupt schon so in Schale war: Verschlafen! Die anderen Klamotten wären ungewaschen und nicht fürs Vorspielen geeignet. Glaubte ihm aufs Wort. In Hildesheim trennten sich unsere

Wege, wünschte ihm viel Glück. Ratterte mit meinen Koffern zum Ausgang, wo einer mit einem Pappschild vor der Brust wartete, auf dem mein Name stand. War vom Fahrservice und lud mein Gepäck in seinen VW-Bus ein. Setzte mich neben ihn, wir fuhren los, aus dem Radio dudelte deutscher Schlager, erst Jürgen Drews, dann kam Roberto Blanco. Aha! Guter Aufhänger, um die Stille mit Worten zu füllen: »Den hab ich vor ein paar Wochen live gesehen ...«

»Sie sind Schlagerfan?«, unterbrach er mich.

»Na ja, war eine große Party, wo ...«

»Eine Party, wo Roberto Blanco auftritt? Der ist ja nicht irgendwer, hab alle Platten von ihm und jede Menge Autogramme. Sie müssen wissen, ich bin ein Autogrammjäger, der Beste, ich krieg sie alle!«

»Das war ein Firmenjubiläum ...«

»Ein Firmenjubiläum! Ist doch klar, müssen wir nicht lange drumrum reden. Die Schlagerstars von damals müssen heute auch von was leben. Kommen Sie also von der Party direkt in die Klapse? Hab ich auch noch nicht erlebt.«

Bereute sofort meine Initiative, hätte statt dem fröhlichen Dampfhammer lieber einen mürrischen Mauler gehabt. Ob der Klinik klar war, welche Leute sie da auf ihre Patienten losließen?

Kamen wir bei der *Klapse* an. Zweckbau aus den Achtzigern, mit den blauen Fensterrahmen hatte es was von einer Gesamtschule. Schob mich samt Gepäck zum Empfang, der so auch in einem Hotel hätte stehen können. »Guten Tag, Henk Bader. Herr Bader, herzlich willkommen in der Harzklinik Diekholzen!« Händigten sie mir meinen Zimmerschlüssel aus und gaben erste Instruktionen: »Setzen Sie sich noch einen Augenblick, Frau Martens wird Sie gleich abholen und auf Ihr Zimmer führen.«

Wartete und sah mich schon bissken um, beobachtete das Treiben und überhaupt. Statt 15 Patienten wie bei Frau Professor waren hier 150 einquartiert. Zehn mal so viele konnte natürlich zehnmal so viel junge Frauen bedeuten. Sah schon die eine oder andere durch die Lobby flanieren, nur waren die nicht hier, um sich die Gegend anzuschauen oder einen Urlaub zu verbringen. Sie waren aus genau demselben Grund da wie ich: geschlagen, gescheitert, leer – und ehrlich gesagt, so sahen sie auch aus.

Henk, Henk! Bist nicht zum Vögeln hier und die wohl auch nicht!

Fühlte mich vom ersten Augenblick an wieder gut aufgehoben, hier kann dir keiner was, hier kann dir nichts passieren.

»Guten Tag, Herr Bader. Hallo, Herr Bader!« Die Martens weckte mich aus meinen Tagträumen und nahm mich professionell bei der Hand, so was machte sie ja zigmal in der Woche.

Das Zimmer hatte so gar nichts Krankenhaushaftes, eher diese 3-Sterne-Hotel-Ausstrahlung, die ich aus Werberzeiten zur Genüge kannte. Birke total, zwei Betten hintereinander wie in der Jugendherberge.

»Zwei Betten?«, fragte ich.

»Wir bieten auch Zweibettzimmer an, noch. Stück für Stück werden wir alle Zimmer auf ein Bett umstellen.«

»Aber hier kommt jetzt keiner mehr dazu, oder?« Sah mich schon schlaflose Nächte in Gesellschaft eines grunzenden Grizzlys verbringen.

»Sie können völlig beruhigt sein, Herr Bader. Sie haben wie zugesagt ein Einzelzimmer für die gesamte Dauer Ihres Aufenthaltes. Ich lasse Sie jetzt erst mal ankommen. In einer halben Stunde ist Mittagessen im großen Speisesaal. Der befindet sich im Erdgeschoss, gleich gegenüber der Rezeption. Am Nachmittag wird dann eine Schwester kommen und Ihnen das Haus zeigen.«

Hatte Hunger und machte mich zeitig auf den Weg, immer dem Essensgeruch nach. Na, das war ja ein richtiger Saal, am Eingang ein riesiges Büfett. Klar, bei hundertfuffzig Patienten konnte ich weder einen Gourmetkoch noch eine persönliche Bedienung bei Tisch erwarten. Apropos Tisch, wo sollte ich mich denn hinsetzen? Hatte mir keiner verraten. Also freie Wahl, dachte ich mir. Holte mir vom Büfett eine Hühnerbrust mit Gemüse und steuerte einen Platz am Fenster an, Vierertisch, noch komplett unbesetzt. Bevor ich den ersten Bissen in den Mund stecken konnte, kam einer an den Tisch und raunzte gleich los: »Da sitzt der Klaus.«

Schon wieder so ein Scheiß!

»Also, im Augenblick sitze ich hier und ich heiße nicht Klaus.«

Seine trüben Augen weiteten sich, er stellte sein Tablett ab, setzte sich und versuchte sich in Höflichkeit: »Ich glaube, du bist neu in der Klinik, oder?«

»Ja, Henk, hallo.«

»Wir haben hier eine feste Sitzordnung. Du musst dich vorne bei den Frauen von der Küche melden, die sagen dir dann, wo dein Platz ist.«

Das hatte mir tatsächlich niemand gesagt. Räumte das Feld und ließ mir von einer Küchenmama meinen Platz zeigen. Auch ein Tisch am Fenster, drei Plätze waren bereits besetzt.

»Hallo, ich bin Henk, der Neue hier.«

Wurde freundlich begrüßt von Barbara, Jane und Manfred. Alle älter als ich, aber jeder für sich ein offener Geist. Stellte sich raus, dass Barbara und Manfred ebenfalls Burn-out-Kandidaten waren, Jane machte Krebsreha. Die Klinik hatte auch eine Onkologie-Station, auf der sich Menschen von ihren

Operationen oder Chemotherapien erholten. In Anbetracht von Janes Schicksal fühlte ich mich sofort besser und schickte mein Selbstmitleid in die Wüste.

Nach dem Mittagessen wollte ich auf meinem Zimmer ausprobieren, ob ich ins Internet kam. Man konnte ja nie wissen, einsame Nächte würde es in jedem Fall geben. Und: Es funktionierte! Über die Telefondose hatte ich eine Verbindung, die gar nicht mal so langsam war. Ob da irgendwo einer saß und überprüfte, welche Seiten man besuchte?

Henk, gibt doch Datenschutz! Kannst also auf all deinen Lieblingsseiten surfen.

Wollte gerade loslegen, da klopfte es an der Tür. Schwester Soundso wegen der Hausführung. Zeigte sie mir die Postfächer, die Räume für die Gruppentherapie, die Zimmer der Therapeuten, des Chefarztes und der Verwaltung. Dann ging's in den Keller zur Physiotherapie, zur Turnhalle und zum Kraftraum. Paar Ecken später zum Tischtennisraum, dem Raucherzimmer (eine Gruft!), dem Waschraum und zum Schluss zum Schwimmbad. Vor dem Schwimmbad kam uns eine weißblondierte Vierzigjährige entgegen: »Aha, Frischfleisch! Lecker, lecker …« Schaute die Schwester an, die nur mit den Augen rollte. War ich im Kit Kat Club oder in einer psychosomatischen Klinik?

Auf dem Weg zurück auf mein Zimmer grinste mich die Schwester an. »Jetzt wissen Sie Bescheid, Herr Bader.«

Davon konnte keine Rede sein. Sah mich schon in all diesen Stockwerken und Gängen hoffnungslos herumrirren.

Sie musste meinen verwirrten Blick registriert haben: »Sie werden ein paar Tage brauchen, um sich zurechtzufinden. Das geht allen so. Aber Sie können sich jederzeit an Ihre Mitpatienten wenden, die schon länger da sind.« Aha! »Übrigens, um 16 Uhr haben Sie noch das Aufnahmegespräch bei unserem

Chefarzt Professor Doktor Hoff. Und morgen früh haben Sie in Ihrem Postfach Ihren Terminplan für die nächsten Tage.«

Mir schwirrte der Kopf, brauchte erst mal einen ungestörten Surftrip über meine Lieblingsseiten. Diese Körper! Was sie anhatten! So schön!

Machte mich zehn vor vier auf den Weg zum Professor Doktor. Nach zweimaligem Nachfragen fand ich sein Zimmer und setzte mich pünktlich auf einen der Freischwinger im Wartebereich. Wurde fünf nach vier, zehn nach, spitzte die Ohren, denn es drang tränenreiches Schluchzen aus seinem Zimmer. Wenig später ging die Tür auf und eine hagere Frau stakste auf ihren dürren Beinchen an mir vorbei, ständig in ein Taschentuch schniefend. War danach auf einen richtigen Schleifer gefasst, auf einen von denen, die ihr Handwerk noch in beinharten Zeiten gelernt hatten. Sollte er nur kommen! Endlich eine Herausforderung!

Öffnete sich die Tür und Käpt'n Iglo bat mich herein: weißer Seemannsbart, gemütliche Frisur, Walrossbauch. *Der* brachte Menschen zum Weinen? Na, vielleicht schlachtete er in seiner Freizeit Delfine oder andere Meereslebewesen und konfrontierte empfindliche Tierliebhaberinnen mit seinen Vorlieben. Oder er verbrachte seine Urlaube gern in Gesellschaft von kanadischen Robbenjägern, die dem plüschigem Nachwuchs fix das Fell über die Ohren ziehen. War auf *alles* gefasst!

»Hoff, grüße Sie, Herr Bader, kommen Sie herein.« Die Stimme klang wie der tiefste Bass, ansonsten war er so furchteinflößend wie ein Eisbärbaby.

Hörte er sich in aller Ruhe meine Geschichte an, die ich zum x-ten Mal zum Besten gab. Brummte er bissken vor sich hin und fragte mich dann: »Welches Sternzeichen sind Sie?«

Bitte? Hatte ich richtig gehört? Ein echter Seemann navigiert zwar nach den Sternen, aber wir waren hier nicht

auf See und mein Gegenüber schmückte sich mit »Professor«
und »Doktor«. Wo war ich nun wieder gelandet?

»Schütze, ich bin Schütze.«

»Ah, ein Schütze! Wenn ich Sie mir so anschaue, dann passt
das auch ziemlich gut. Schützen sind ja sehr freiheitsliebend,
kreativ und ihnen wird schnell langweilig.« Um das zu wissen,
musste man kein Chefarzt sein. »Sie werden sich vielleicht
wundern, warum ich Ihnen diese Fragen stelle.« Allerdings!
»Ich beschäftige mich schon seit Jahren intensiv mit der As-
trologie. Und zwar mit der professionellen Variante, nicht mit
dem, was Sie vom Jahrmarkt kennen.«

»Eine Glaskugel holen Sie jetzt also nicht heraus?«, sagte
ich eher im Scherz.

Der Professor blieb bierernst: »Herr Bader, ich bitte Sie!
Was Sie da ansprechen, ist allerbilligste Masche, Wahrsage-
rei, pah! Nein, ich erstelle Ihnen ein hochseriöses, geradezu
wissenschaftlich fundiertes Horoskop. Natürlich nur, wenn
Sie wollen.«

Wollte ich so einen Hokuspokus? Gebe zu: In Hamburg
war ich paar Mal bei 'ner Kartenlegerin. Nach dem Tod meines Vaters und den entsetzlichen Streitereien in der Familie
schwamm ich ziemlich und nahm jeden Strohhalm, der sich
anbot. War 'ne kleine, lustige Familienmutti, die für ihre
Kunden einen Raum von der Wohnung abzwackte, den sie
liebevoll einrichtete. Viele Kissen, gedämpftes Licht, immer
einen Hagebuttentee auf dem Feuer. Der größte Teil ihrer
Klientel waren natürlich Frauen – ich bekam den Tipp von
Sophia. Selbst als Mann fühlte mich in diesem Zimmerchen
geborgen. Mochte das, wie sie das Tarotblatt mit ihren
kleinen Händchen kunstvoll mischte, als wär sie ein Poker-
profi. Aus den bunten Bildchen und der Lage der Karten traf
sie dann ihre Vorhersagen. Manchmal blickte sie auch in die

Vergangenheit. Mit den fünfzig Mark pro Sitzung besserte sie das Familieneinkommen nicht unerheblich auf, war sie doch gut im Geschäft. Im Vergleich zum Honorar von Professor Doktor Iglo waren das natürlich Peanuts. Ging stets mit einem guten Gefühl bei ihr raus, gab sie mir Hoffnung mit auf den Weg. Ja, das war's wohl: die Hoffnung auf bessere Zeiten. Jedenfalls prophezeite sie mir nie todbringende Krankheiten oder schlimme Unfälle oder sonst ein Unglück. Gut, fragte sie mich einmal, ob ich wissen möchte, wie alt ich werde. Warum nicht? Nun, 101 Jahre wie bei meiner Großmutter würden wohl nicht zusammenkommen, aber 75 plus minus ein, zwei Jahre würden es schon werden. Vorsichtshalber wies sie auf die Unverbindlichkeit ihrer Aussage hin. Man könne halt nie wissen, ob mir nicht morgen ein Geisterfahrer entgegenkäme, auch Änderungen im Lebenswandel wären nicht einkalkuliert. »Alkohol, Drogen und so, Sie verstehen!« Ich verstand. Die Sache mit dem Hörsturz und seinen Folgen kam in ihren Vorhersagen nicht vor, konnte man sich schon die Frage stellen, ob das schöne Geld nicht zum Fenster rausgeworfen war und überhaupt. Aber welche Unsummen hatte ich in Frauen investiert, die mir nicht annähernd so viel Hoffnung schenkten wie sie. Was soll's also.

»Selbstverständlich können wir, ergänzend zu den Einzelgesprächen mit Ihrer Therapeutin und den Gruppensitzungen, weitergehende Therapieansätze ausprobieren.«

Weitere Therapieansätze? Kannte schon Tausende, nein danke! Also gut, Astroprofessor, du hast mich.

»Ach, wissen Sie, klingt ja auch irgendwie interessant, was Sie mir da anbieten. Legen wir also los!«

Im Gesicht des Seebären ging die Sonne auf. Hatte das Gefühl, er war nicht mehr so weit von der Pension entfernt und wollte so wenig Aufwand wie möglich betreiben. Fragte er mich noch nach den üblichen Geschichten, der Kindheit, den Eltern, Geschwistern, Beruf, Frauen und dem ganzen Kram.

»Das reicht mir erst mal an Informationen, Herr Bader. Zum nächsten Gespräch werde ich Ihnen mit Sicherheit einige spannende Ergebnisse präsentieren können.«

Das war der erste Termin beim Chefarzt, ich so schlau wie zuvor, er um geschätzte 150 Euro reicher.

Um sechs war Abendessenzeit. Als ich ankam, waren Barbara, Jane und Manfred schon da. In den Regeln für den Aufenthalt, die man zur Ankunft mit einer Mappe ausgehändigt bekam, stand unter anderem, dass bei Tisch Gespräche über die jeweiligen Erkrankungen unterlassen werden sollten. Natürlich war dieses so ziemlich das einzige Gesprächsthema. Meine Tischgenossen waren da keine Ausnahmen. So erfuhr ich noch am ersten Abend, welche Schicksale mit mir am Tisch saßen. Gut, Jane machte eine Krebsreha. Neu für mich war, dass sie bereits ihre zweite OP hinter sich hatte und die Aussichten alles andere als rosig waren. Lungenkrebs, nie geraucht. Das Leben war nicht gerecht, natürlich nicht. Barbara war Inhaberin eines Blumenladens in Harburg, Familienbetrieb in dritter Generation, fünf Angestellte. Seit Jahren machten ihr die Billiganbieter schwer zu schaffen, einer Mitarbeiterin hatte sie schon kündigen müssen. Eine Blumenhändlerin mit Burn-out! Manfred kam aus dem eigentlich beschaulichen Lüneburg, einer pittoresken Universitätsstadt in der Nordheide. Aber auch dieses Biotop wurde heimgesucht von zunehmender Aggressivität, Jugendgewalt, Pöbeleien, Saufgelagen bei gleichzeitig abnehmendem Respekt gegenüber Polizeibeamten. Manfred war mehrfach attackiert worden. Und wenn man diesen schmächtigen Mann mit seiner gutmütigen Ausstrahlung vor sich sah, wurde einem klar, dass ihm das zusetzte. Posttraumatische Belastungsstörung lautete die Diagnose.

In welcher Scheinwelt hatte ich die letzten 15 Jahre gelebt! Als Werber hatte ich null Ahnung von den Menschen, die da draußen schufteten, damit ich immer was zu futtern hatte, irgendwelchen Mädchen rote Rosen schenken konnte, die Gesellschaft so funktionierte, wie ich's erwartete. Nahm die alle lediglich als Zielgruppen wahr, fein säuberlich kategorisiert und veranschaulicht in Grafiken, Balken und Prozentzahlen. Die Marktforschung lieferte inzwischen sogar ganz gezielte Verbraucherprofile mit Alter und Namen. Ja, ein »Manfred« war auch darunter, stand für einen mittelalten, latent frustrierten Käufer von tiefgekühlten Pizzen und minderwertigem Weinbrand. Saßen wir da in unseren schicken Büros und machten uns lustig über diese Leute, die für uns genauso minderwertig waren wie der Alkohol, den sie nach Feierabend konsumierten und zu dessen Genuss wir sie weiterhin animieren wollten. Erinnerte mich an den Marketingleiter eines Autokonzerns, der das morgendliche Meeting mit den Worten einleitete: »Immer, wenn ich morgens zur Arbeit fahre und die Menschen in unseren Autos sehe, könnte ich kotzen.« Wollt ich ihn schon fragen, ob ich das für die nächste Kampagne verwerten konnte. Wir lebten rechts, wählten aber links. Wir waren zynische Verführer, die für die zu Verführenden nichts als Gleichgültigkeit oder sogar Verachtung übrig hatten. Ich war einer von ihnen – noch immer.

Als ich nun meiner sogenannten Zielgruppe leibhaftig gegenübersaß, diesen Menschen aus Fleisch und Blut, die mich allesamt warmherzig aufgenommen hatten, da keimte Selbsthass in mir auf. Was für ein verkommenes Aas ich war! Hatte ich vielleicht verdient, was mir in letzter Zeit alles widerfahren war? War das nicht die gerechte Strafe für die Scheiße, die ich verbrochen hatte? Sah in Manfreds Augen, die meinen Blick neugierig erwiderten, Barbara hatte mich bereits als Ziehsohn in ihr Herz geschlossen und Jane lobte mich für meinen Humor.

Henk, Moment! Hast keine alten Omas um ihre letzten Ersparnisse betrogen, niemandem überteuerte Zeitschriftenabos aufgeschwatzt, keine Menschenseele ins Unglück gestürzt. Mach mal halblang! Bist doch nicht hier, um dich selbst durch den Fleischwolf zu drehen! Bist auch kein Priester, der sich 'nen süßen Novizen geschnappt hat und sich dafür nun selbst kasteien muss. Bringt nix, hilft keinen Millimeter weiter.

Versuchte, die Vergangenheit in einer Kiste zu verstauen, auf der »erledigt« stand. Schlich mit diesem Gefühl auf mein Zimmer, noch bissken Fernsehen, dann schlief ich ein und sogar fast durch.

Um halb sieben piepte der Wecker, sollte Punkt halb acht zur Blutabnahme antreten. Das Bad war durchaus geräumig, aber die Dusche erinnerte mich an eine Gaskammer. Weiß nicht wer, aber irgendjemand hatte die ebenerdige Dusche zum Nonplusultra erklärt und damals trat sie gerade ihren Siegeszug an. Vom Rest des Bades meist nur durch einen Vorhang getrennt, der natürlich komplett nutzlos ist, setzt man unweigerlich das ganze Bad unter Wasser. Immerhin gab's einen Waschtisch, auf dem ich meine Kollektion an Cremes und Pasten ausbreiten konnte, die ich wegen meiner diversen Allergien und Empfindlichkeiten brauchte.

War kein Freund von Blutentnahmen, wurd mir gern flau. Besonders dann, wenn unerfahrene und unsichere Schwesternschülerinnen in meinen Armen rumstocherten, bis sie eine geeignete Vene fanden. Mein angeborener niedriger Blutdruck ließ die Adern nicht gerade hervorspringen.

»Guten Morgen, Herr Bader, heute wollen wir Sie ein bisschen anzapfen. Unsere Auszubildende Mandy wird sich gleich um Sie kümmern.«

Mandy? Warum machst du das nicht, du Chefschwester mit hundertjähriger Erfahrung? Na, vielleicht war Mandy wenigstens eine Granate aus Cottbus oder Magdeburg.

Als sie das Zimmer betrat, wusste ich, dass es auf ein Massaker hinauslaufen würde. Mandy war ein feister Bieber, dem die Unsicherheit auf die dicken Backen geschrieben stand. Wurde augenblicklich bleich, was ihrem Instinkt nicht verborgen blieb.

»Wird Ihnen schlecht bei der Blutabnahme? Dann können Sie sich auch gern hinlegen.«

Nein, mir wird nicht schlecht. Nur, wenn du davon sprichst und wahrscheinlich gleich mit tumbem Unvermögen in meinen Armen herumstocherst. *Nur dann* wird mir schlecht, verstanden! Versuchte, diese Gefühle mit meinen Augen auszudrücken, aber Mandy starrte mich nur an wie einen Baum, von dem sie noch nicht wusste, wie sie ihn anknabbern sollte. Blieb sitzen und ließ das Unvermeidliche über mich ergehen.

»Na, ob ich da eine Vene finde ...«

Mandy, ich hab einige Jahre lang einen nicht unerheblichen Teil meines Gehaltes als Solidaritätszuschlag gezahlt. Warum bist du jetzt nicht in der Lage, mir schnell und unfallfrei Blut abzunehmen?

Klar, wenn ich das laut ausspochen hätte, wäre das ein Outing als arroganter Westarsch gewesen. So fiel ich ohne Worte fast in Ohnmacht, bevor endlich mein Blut in die Kanülen lief.

»In zwei Tagen bespricht der Professor mit Ihnen die Ergebnisse.« Danach konnte ich zum Frühstück.

Im Postfach lag der Behandlungsplan für die erste Woche, oha! Jeden Tag mindestens vier Termine, dagegen war der Aufenthalt in der Grunewald-Klinik tatsächlich wie Urlaub gewesen. Was haben wir denn da alles? Mal sehen: Am Vormittag gleich die erste Gruppentherapie, anderthalb Stunden. Am Nachmittag ein Einzelgespräch mit Frau Westermann,

Tai-Chi bei Herrn Dabelstein und kurz vorm Abendessen Physiotherapie bei Herrn Michalski.

Die Gruppentherapie war hier ein Muss, hoffentlich würden mir allzu anstrengende Fälle erspart bleiben. Vom Essenstisch würde leider niemand dabei sein. Einzel, na, war mal gespannt, ob mir Frau Westermann das Wasser würde reichen können. Moment, Westermann? Die machte doch auch die Gruppe. Würde ich sie also schon vorher kennenlernen. Tai-Chi? War das nicht dieser asiatische Kampfsport? Nee nee, so 'ne Entspannungsgeschichte, aber in jedem Fall fernöstlicher Chichi. Warum aber hieß der Vorturner Dabelstein und nicht Herr Hu oder Meister Wei? Bei der Physio würden sie sich schön um meinen Rücken kümmern können. Aber ein Mann, der an mir herumfuhrwerken würde? Henk, keine Vorurteile! Nein, natürlich nicht, ich meine nur ... Und überhaupt, wo blieb die Massage? Ah, am Mittwoch, bei einer Frau Verheyen, hm, schöner Name. Standen darüber hinaus noch Sachen wie Entspannungstraining nach Jacobsen, Wassergymnastik und Walken auf dem Programm. Hätten sie auch groß »Beschäftigungstherapien« drüberschreiben können. Henk, lass es doch erst mal auf dich zukommen! Gut, gut, bin ja gewillt. Wirklich!

Blieb ruhig, setzte mich in die Lobby mit einer Süddeutschen und las 'ne gute Stunde, bis ich mich auf den Weg zur Gruppentherapie machte.

Raum 023, Untergeschoss. Hatte die Zeit verträdelt und kam als Letzter an.

Vor der Tür stand eine Reihe von Schuhpaaren – auch noch Schuhe ausziehen! Als ich meine Le Coq Sportif abstreifte, fiel mein Blick auf den hässlichen Rest: schlechte Kopien von Adidas- und Nike-Sneakern, ausgeleierte Männertreter und zwei Paar Ballerinas. Waren also auch Frauen dabei, hm, vielleicht trugen sie so schöne, glänzende Sport-strumpfhosen und würden mir gleich ihre bestrumpften Füße präsentieren.

Mit diesem kleinen Traum öffnete ich die Tür und stand in einem großen, aber latent finsteren und feuchten Raum. Vor den Fenstern gab's kleine Gitterchen und jede Menge Spinnenweben. Untergeschoss eben. Welcher Idiot war nur auf die Idee gekommen, depressive Patienten zur Therapie in einen Kellerraum zu schicken? Der musste die Sensibilität eines Alligators haben.

»Henk Bader?«

»Ja, der bin ich.«

»Dann sind wir ja vollständig. Willkommen in der Gruppe B2! Mein Name ist Claudia Westermann, ich bin Psychotherapeutin und leite diese Gruppe. Da sich die Patienten untereinander duzen, möchte ich das auch in meine Stunden übernehmen. Also ich bin die Claudia.«

Hier und da ein erleichtertes Nicken. Staunte ungläubig: Therapie in Socken und auf Du und Du!

»Es ist unsere erste Stunde, ihr kennt euch untereinander sicher noch nicht. Bitte stellt euch doch kurz vor, wie ihr heißt, woher ihr kommt und was euch hierhergeführt hat. Fangen wir an und gehen dann im Uhrzeigersinn rum.«

Sie zeigte auf eine zierliche Frau, die sich nahezu komplett in eines der riesigen Sitzpolster eingewickelt hatte. Gab ein paar von diesen Dingern, dazu Kissen, der ganze Krempel in bunten Farben. War wohl als Kontrast zur schummrigen Gesamtanmutung gedacht.

Die Zierliche hatte einen wilden roten Haarschopf, der kurz davor war, sich in eine dieser verfilzten Rastafrisuren zu verwandeln. Sie wimmerte aus ihrem froschgrünen Versteck: »Ich bin die Conny ... und ich ...« Aus dem Wimmern wurde heftiges Schluchzen, gefolgt von hemmungslosem Weinen. Au weia, ging ja gut los! Das machte mir keinen Mut.

Claudia schritt ein: »Cornelia, wir sind alle bei dir. Deine Tränen sind kein Zeichen von Schwäche, lass sie einfach raus und versuch's einfach noch mal von vorn.«

Conny fasste sich ein Herz. »Also, bin die Conny, 36 Jahre alt und aus der Nähe von Dortmund. Ich bin hier, weil ... weil ... meine Kindheit war einfach nur furchtbar. Mehr möchte ich dazu erst mal nicht sagen. Vor einigen Jahren hab ich dann eine Feldenkrais-Therapie angefangen, in der Hoffnung, das würde mir helfen ...« Sie musste sich erneut sammeln. »Aber die haben mich da auch nur wieder ... haben mich ... nur wieder missbraucht. Hab dann eine Freundin kennengelernt, eine ganz liebe ... also ... ich bin lesbisch!« Ihre dunklen Augen suchten den Raum ab nach jemandem, der Einspruch erheben könnte. Tat keiner. »Wir waren, also, sind immer noch total verliebt. Jedenfalls, damals waren wir frisch verliebt und sind an die Ostsee gefahren, wollten einen schönen Urlaub verbringen. Aber dann wurde unser Zeltplatz überfallen, von so Nazis, die haben alle verprügelt, auch uns, besonders meine Sibel, weil sie Türkin ist ... Das war so brutal, so grausam, wir wollten uns da doch erholen, Kraft schöpfen ...«

Conny war mit ihrer Kraft am Ende, und ich am Rand einer erneuten Selbsthassattacke. Hätte dieses geschundene Wesen am liebsten in den Arm genommen. Und dann was gesagt? So was wie: Tut mir leid, dass ich dich innerlich erst abgelehnt habe, weil du so eine bescheuerte Frisur trägst? Bevor meine ästhetischen Vorbehalte vom Mitgefühl vollends niedergestreckt wurden, nahm die Frau neben ihr Conny in den Arm. Na, vielleicht auch besser so ... ich meine, ich als Mann mit kurz geschorenen Haaren war vielleicht nicht gerade der geeignete Trostspender.

»Bist du so weit okay, Conny?«, fragte die Westermann.

Conny nickte.

»Dann machen wir weiter mit Bernd.«

»Ja, also, ich bin der Bernd, 51 Jahre alt, aus Münster. Von Beruf bin ich Lehrer. Ich habe einen Burn-out, aus verschiedenen Gründen, aber die Einzelheiten würden den Rahmen heute wohl sprengen.« Der stämmige Mann sprach mit der Stimme eines Eunuchen und war sichtlich nervös, rutschte auf seinem Sitzkissen unruhig hin und her.

»Danke, Bernd.«

Die Therapeutin zeigte auf die Frau, die eben noch Conny getröstet hatte: »Frau …, ich meine, ach, tut mir leid, ich habe noch nicht alle Namen drauf …«

»Ingeborg Scholz …«

»Ingeborg, genau, magst du weitermachen?«

»Meinen Namen kennt ihr ja jetzt schon, ich wohne in Hamburg, bin 55 Jahre alt und arbeite bei der Stadt Hamburg in der Verwaltung. Bei mir sind nach dem plötzlichen Tod meines Vaters ganz alte Geschichten wieder hochgekommen. Ich bin seit acht Wochen wegen Depressionen krankgeschrieben und habe seitdem meine Wohnung kaum verlassen. Sie war so was wie eine Burg für mich.« Man sah Ingeborg an, dass sie die Gesellschaft von Menschen mied. Blickte ständig auf den Boden, auch wenn sie sprach, und wirkte leicht ungepflegt. Strähnige, graue Haare, ihr schmaler Körper steckte in ausgewaschenen, viel zu großen Joggingklamotten, die auch einer Bodybuilderin gut gepasst hätten.

Als Nächstes meldete sich Jörg zu Wort. »Ich bin Jörg, aber ihr könnt mich auch Jockel nennen. Ich komme aus dem schönen Goslar und bin Ingenieur. Mein Leben, also alles, was mir was bedeutete, ist in die Brüche gegangen.« Auffällig an ihm waren seine schwarze Lederhose, seine sonnenbankgegerbte Haut und sein feines, weiß gefärbtes Bärtchen, das von der Oberlippe bis zum Kinn reichte und millimetergenau gestutzt war.

Die Nächste bitte! »Mein Name ist Ariane von Marwedel, ich bin 38, selbstständige Anwältin und sehr erfolgreich in meinem Beruf. Ich bin hier, weil ich einen Burn-out habe.« Die legte sofort los! Sprach ruhig, aber bestimmt und schien mir in Sachen Ego ebenbürtig. Ihr perfekter Body steckte in einer engen Markenjeans und einem schwarzen Top, über dem sie eine lässige Freizeitjacke trug. Aus ihrer Jeans lugten schöne, gepflegte Füße hervor. Leider auch nicht in Nylons, aber immerhin beleidigte sie meine Augen nicht mit filzigen Wollsocken wie all die anderen.

Einer war noch übrig, ich! Alle Augen auf mich.

»BBB, Bader, Berlin, Burn-out!«

Zum ersten Mal ging ein warmes Lauffeuer von Lachen durch den Raum.

»Fehlen noch das Alter und der Vorname«, bemerkte die Anwältin süffisant und sah mir direkt in die Augen.

»Oh, hab ich glatt vergessen. Heiße Henk und bin 39.« Mein Blick traf ihren. Das konnte ja noch was werden!

Henk, du bist nicht zum Vögeln hier!

»Vielen Dank euch allen! Bevor wir gleich zu einer kleinen Lockerungsübung kommen, möchte ich euch noch einen, sagen wir mal, Merksatz fürs nächste Mal mit auf den Weg geben. Jeder Einzelne trägt sein Schicksal und hat mindestens einen triftigen Grund, warum sie oder er hier ist. Denkt bitte trotzdem über folgenden Satz nach: Es sind nicht immer nur die anderen schuld. Jeder trägt auch eine gewisse Verantwortung für sein Schicksal.«

Guter Satz, zweifellos! Musste ich mir merken. Nur, kaum hatte die Westermann ihn ausgesprochen, wurden die Augen von Conny wieder feucht.

Die Therapeutin legte sofort nach: »Nur ein Satz! Auf manche mag er weniger, auf manche mehr zutreffen. Und jetzt wollen wir zum Ausklang der Sitzung ein bisschen tanzen. Einfach alle aufstehen, den Stress der ersten Vorstellungsrunde abschütteln und dann los!«

Hatte sie einen Ghettoblaster mitgebracht, drückte die Play-Taste, schon plärrte Phil Collins los: *You can't hurry love* ... Phil Collins war natürlich die Höchststrafe, massenkompatibler Einheitsbrei, totgenudelt im Formatradio. Den anderen schien's zu gefallen, sie legten los, als gäbe es kein Morgen. Ungelenk zuckten ihre Gliedmaßen, stampften sie mit den Beinen, die Arme ruderten wild. Staunte ob dieses unkoordinierten Ausbruchs von Lebensenergie und hielt mich raus aus der Sause.

Tippte mir jemand auf die Schulter: »Wirklich tanzen kann hier ja keiner«, flüsterte mir die Von-und-zu-Anwältin ins Ohr. Wurde sie mir langsam unheimlich.

Nach vier Minuten war das Schauspiel vorbei. »Ja, jetzt alle ausschütteln, weg mit den negativen Gedanken!« Sollte's eines Tages mit der Psychotherapie nicht mehr klappen, hätte die Westermann sofort als Animateurin auf Ibiza anfangen können. Fehlte nur noch ein kurzes, rosafarbenes Top, nebst passenden Hotpants. Wie sie so ihre Haare zum billigen Beat von Collins wippen ließ, nicht übel.

Nach der ersten Gruppentherapie meines Lebens war ich komplett erledigt. Das Ausmaß all dieser Schicksale hatte eine depressive Wirkung auf mich.

Mittagszeit, jetzt nach draußen, irgendwo ein Weinchen süffeln! Offiziell war – wie in sämtlichen psychosomatischen Kliniken – natürlich strengstes Alkoholverbot angesagt. Wie ich mittlerweile mitbekommen hatte, zogen sie das hier aber nicht so konsequent durch. Gab Kliniken, die's fast wie in der Psychiatrie machten, mit abendlichen Kontrollen am Empfang. Bitte pusten! Aber hier war's anders, auch unangekündigte Besuche auf den Zimmern blieben aus. Zum Glück, ansonsten hätte mich ständig das Gefühl von *Big Brother*-hafter Beobachtung begleitet. Was soll das auch? Wenn einer unbedingt saufen will, tut er's auch so. Unterdrückte den Wunsch nach einem Seelenstreichler, machte mich auf den Weg in den Speisesaal. Manfred rührte lustlos in seiner Brokkolicremesuppe.

»Na, Kommissar, bist wohl am Kombinieren. Vermutest du Gift in der Suppe?« An seinem trostlosen Augenaufschlag merkte ich, dass ich meine flapsige Bemerkung lieber für mich hätte behalten sollen.

»Ach Henk, ich komm mit jedem Tag hier mehr bei mir selbst an. Und dann setzt mich meine Frau unter Druck. Sie meint, vier Wochen wären genug, ich sollte mich nicht so anstellen und langsam mal meine Koffer packen. Dabei ist die Verlängerung schon durch bei der Versicherung.«

Die Ursache von Manfreds Leiden war also nicht nur der Stress im Dienst, sein Problem hatte einen Namen und saß zu Hause: seine Frau Heike. Waren allein am Tisch, Manfred erzählte in allen Einzelheiten von seinem Eheleben, seit über zwanzig Jahren verheiratet, ein Kind, ein Sohn, fast zwanzig und bei der Marine, unterwegs auf den Weltmeeren. Je mehr er berichtete, desto weniger Zweifel gab es: Seine Ehe war die reinste Hölle. Henk Bader mochte eine einsame Wurst sein, aber er war gewiss kein Würstchen unter dem Pantoffel einer geltungssüchtigen Frau. Überlegte fieberhaft, welcher Rat hier angemessen war. Na, im Grunde lag es auf der Hand: *Scheidung!* Und zwar so schnell wie möglich. Als Jane und Barbara an den Tisch kamen, wechselten wir fix das Thema.

Am Nachmittag stand das erste Einzelgespräch bei Claudia Westermann an. Hatte sie einen hübschen Raum im hinteren Anbau der Klinik, viele Pflanzen, zwei gemütliche Sessel.

»Hallo Henk, setz dich. Wir hatten ja heute bereits das Vergnügen. Obwohl, wie ich deinem Anmeldeformular entnehme, sind Gruppensitzungen nicht gerade ein Vergnügen für dich.«

Gut vorbereitet, Hut ab! »Das stimmt, Claudia. Wenn ich ehrlich bin, hat mich die Sache ein bissken runtergezogen.«

»Nur runtergezogen oder waren da auch andere Gefühle bei dir?«

»Klar, wenn ich ehrlich bin, kam mir bei dem einen oder anderen Schicksal schon der Gedanke, dass meine Sorgen im Vergleich dazu nicht so monströs sind, wie ich immer dachte. Aber weißte, Claudia, bin mir nicht sicher, ob man das wirklich so eins zu eins vergleichen sollte.«

»Da hast du völlig recht, alle Menschen sind einzigartig, ebenso ihre Sorgen und Nöte. Aber ich möchte noch mal nachhaken: Was hast du nach der Gruppe empfunden?«

Claudia war nicht übel, schien mich zumindest ansatzweise zu verstehen. »Na ja, also, ganz ehrlich, da war erst Ablehnung. Ich meine, Claudia, ich bin Ästhet und da wurde mir schon ziemlich viel zugemutet. Aber am Ende, nun ja, da überwog schon das Mitgefühl. Meine Güte, die Conny, zu der war das Leben nun wirklich nicht sehr fair. Gut, das Leben ist tendenziell nicht fair, aber bei der Conny, die hat die komplette Scheiße von mindestens vier Leben abgekriegt. Die anderen liegen in der Sonne, Conny steckt bis über beide Ohren in einer Jauchegrube. Man muss ihr ja schon alleine deshalb Hochachtung zollen, dass sie so lang durchgehalten hat. An ihrer Stelle ... also ... würd keine Garantie geben ...«

Claudia schaute mich lange an, grinste dann. »Mein lieber Henk. Vielleicht gab es Zeiten, wo du ein zynischer Werbemanager warst. Aber im Grunde deines Herzens bist du kein Menschenfeind ...«

»Einspruch, Claudia! Mach mich jetzt bitte nicht zum herzensguten Menschenfreund.«

»Henk, du bist so schnell im Kopf!«

Ja, war selbst überrascht, wie gut das da in meinem Oberstübchen noch lief. Ganz feines Kompliment ... Na, Claudia, kleines Tänzken, hier so unter uns? Haste vielleicht Roxy Music auf Lager?

Henk! Kaum fühlste dich besser, wirste gleich wieder übermütig!

Schon gut, schon gut.

»Henk, hallo, biste noch da?«

Claudia war auch nicht langsam im Kopf und hatte mitbekommen, wie ich mal wieder erfolgreich meine Umwelt ignorierte und auf meiner ganz eigenen Umlaufbahn unterwegs war.

»Äh, ja klar, schnell und glasklar.«

»Was ich dir sagen wollte: Da sind Menschen, die dich mögen. Menschen, die du bisher noch nicht auf deinem Schirm hattest, die anders sind als du, sagen wir mal: vielleicht einfacher und nicht so stilvoll angezogen. Aber sie spüren, dass du sie ernst nimmst, mitfühlst.«

Hoppla, ging mir bissken schnell, konnte dann doch nicht mithalten, so fix, wie sie aus mir quasi einen Heiligen machte. Aber sie hatte gewiss nicht komplett unrecht. Die war gut, sehr gut!

»Claudia, schönen Dank für die Blumen. Aber so ein von allen Seiten geliebter Gutmensch, der möchte ich gar nicht sein.«

»Sollst du auch nicht. Aber ich glaub, du hast mich am Ende schon richtig verstanden.«

Ja, jein, vielleicht. Den Rest der Stunde verbrachten wir mit den üblichen Formalien: Kindheit, Krankheiten, Kollaps. Als ich ihr von meinen ersten 15 Jahren auf dem Planeten Erde erzählte, sagte sie nur: »Nicht gerade optimal verlaufen, deine Kindheit. Aber so, wie du jetzt vor mir sitzt, glaub ich, dass du das ganz gut verarbeitet hast, sehr gut sogar. Da ist meiner Ansicht nach nichts zu holen.«

Nichts zu holen? Klang mir sehr nach *abhaken, nächstes Thema*. Am Ende hatte sie aber natürlich recht. Im Vergleich zu den Bergen an unbewältigten Konflikten aus Kindheit und Jugend, die manche Mitpatienten mit sich herumschleppten, schaute ich auf eine Ebene, die bis zum Horizont reichte.

Am Ende der Stunde brannte mir eine Frage unter den Nägeln: »Sag mal, Claudia, ich war gestern beim Chefarzt. Und, nun ja, er will ein Horoskop für mich erstellen. Fand das ein wenig befremdlich. Wie denkst du darüber?«

Ihr Gesicht bewegte sich in Richtung eines süffisanten Lächelns. Bekam sie dann doch wieder in den Griff und antwortete mit angestrengt ernster Mine: »Der Professor ist ein sehr erfahrener Therapeut. In den letzten Jahren hat er sich mit viel Engagement und wissenschaftlichem Eifer in dieses Thema eingearbeitet. Und ist auch da mittlerweile ein in jeder Hinsicht anerkannter Fachmann geworden.«

Kaugummi-Antwort, klar. Wahrscheinlich konnte und durfte sie sich nicht weiter aus dem Fenster lehnen.

Stunde vorüber. Zog mir meine schwarzen Sportsachen an und wollte mir das Tai-Chi zumindest mal angucken. Im – ebenfalls tageslichtfreien – Sportraum erwartete mich im wahrsten Sinne des Wortes eine bunte Truppe: Sie leuchteten in sämtlichen Farben des Spektrums und raschelten in ihren fliegerseidenen Stoffen, die mehrheitlich von Aldi oder Lidl stammen mussten. Das Grauen wurde durch Herrn Dabelstein komplettiert, ein etwas zu kurz geratenes Männchen, das sich optisch kaum von den Patienten unterschied. Allerdings begnügte er sich mit einer Farbe: dem Ashramrot der Bhagwan-Jünger. Gab's die noch, war er einer von ihnen? In den Achtziger- und Neunzigerjahren waren in Hamburg einige von denen rumgelaufen, in allen möglichen Funktionen. Kannte einen Erzieher, einen Koks-Dealer und in meiner zweiten Agentur einen Reinzeichner. Randolph war ein wilder, aber lieber Kerl, der nach Wochenenden in Holland gern Geschichten von Rudelbumsen und Erleuchtungen zum Besten gegeben hatte, die ihm während stundenlanger Meditationen kamen. Wir amüsierten uns prächtig über seine Geschichten und wurden auch nicht von Bekehrungsversuchen Randolphs belästigt, da kannte er seine Grenzen. Und die des Agenturchefs.

War mir also schnurzpiepe, ob der Dabelstein nun ein Jünger war oder nicht. Nicht egal war mir, wie schnarchlangweilig er zur Sache ging. Stand ich ganz hinten, vor mir ein Haufen steifer Clowns, die verzweifelt versuchten, die vom roten Männchen vorgemachten Übungen nachzuturnen. Gab es im ganzen Land keinen asiatischen Tai-Chi-Lehrer oder wenigstens einen, der annähernd so aussah oder in traditionellem Gewand auftrat? Hätte sofort einen Aufruf unterschrieben, der es zur Pflicht macht, Tai-Chi zumindest in Schwarz zu praktizieren.

Ertrug die traurige Aufführung bis zum Ende und wusste: Die erste Stunde würde gleichzeitig meine letzte sein. Man konnte Anwendungen und Programme durchaus wieder absetzen, natürlich nur in Absprache mit dem Therapeuten. Westermann, bitte!

Am Abend gab ich mich dann noch den Händen von Herrn Michalski hin. Seine sexuelle Orientierung war nicht eindeutig zu klären, er machte seine Sache aber nicht schlecht. Entschloss mich, bei ihm zu bleiben, ein Änderungswunsch meinerseits hätte mir nur den Vorwurf der Homophobie eingebracht. Ist nur so: Frauen riechen einfach besser und sie haben die zarteren Hände.

Na, warum gehste dann nicht gleich zu 'ner Thai-Massage?

War sogar mal bei einer, allerdings bei einer sogenannten *traditionellen* Thai-Massage, also was Seriöses, bissken Extraspaß war da nicht inbegriffen. Sie hatte mich nur über und über mit nach ranziger Kokosmilch riechendem Öl eingerieben, von dem mir am ganzen Körper dicke Pusteln und Pickel aus den Poren geschossen waren, als wären sie Projektile.

Fühlte mich wohl in der Klinik, musste mich um nix kümmern, genoss die täglichen Spaziergänge im Kurpark, setzte mich auf eine Bank, las die Zeitung. Die Bücher, die ich mitgenommen hatte, erwiesen sich als unlesbarer Schwachsinn. Waren Jostein Gaarder und Paulo Coelho, dachte, diese Trostliteratur würde mich erwecken, wäre sozusagen die passende Lektüre für einen, der sich neu erfinden will. *Sofies Welt* von dem Gaarder ertrug ich sogar fünfzig Seiten lang, dann wurde's mir zu blöd mit dem Hund und überhaupt, vielleicht was für Pubertierende auf der Suche nach Antworten. *Der Alchimist* von Coelho war noch viel größerer Mist, aber auf der ganzen Welt ein Bestseller. Musste da draußen 'ne Menge Menschen geben, die mit ihrem Leben nicht klarkamen. Denn jeder, der noch einigermaßen bei Verstand war, musste es merken: Diese völlig überzuckerte Wohlfühlkacke verarscht dich nach Strich und Faden! Und sie hilft nur einem weiter: dem Autor. Je mehr verlorene Seelen sich den Quatsch kaufen, desto praller wird das Konto von Senhor Coelho. Und ich war auch so einer, der ihm auf den Leim gegangen war. Während ich mich hier in Diekholzen grün und blau ärgerte, aalte sich der gerissene Kerl wahrscheinlich gerade auf Barbados am Pool, umringt von karibischen Schönheiten. Wie hatte ich nur meinen Helden untreu werden können? Bukowski, Céline, Bernhard standen zu Hause im Regal und lachten mich aus. Konnte ihre Häme bis hierher hören!

Immerhin hatte ich die richtigen CDs eingesteckt: die kompletten *American Recordings* von Johnny Cash, den alten Bowie, Iggy Pop, Blondie ... Über Kopfhörer liefen sie auf meinem Powerbook, tanzte in meinem Zimmer, durfte nur nicht zu laut mitsingen. Die Wände waren dünn und hatten Ohren. Auch allzu ungehemmtes Stöhnen vermied ich, wenn ich im Internet was Leckeres entdeckt hatte. Bekam dafür aus den beiden Nachbarzimmern Schnarchen und Streitereien am Telefon frei Haus geliefert.

Zum Anfang der nächsten Gruppensitzung ging's erst mal reihum, wie sich jeder fühlte, ob's aktuelle Probleme gab und so weiter. Nach der großen Vorstellungsrunde beim ersten Mal sollte sich nun in jeder Sitzung jemand freiwillig melden, um seine Geschichte ausführlich zum Besten zu geben. »Wer will anfangen? Keine Scheu, jeder ist mal dran und ich kann euch nur sagen: Es ist sehr befreiend.« Claudia versuchte alles, um einen ersten Freiwilligen zum Seelenstriptease zu bewegen.

Schweigen waberte durch den Raum, die Kandidaten standen nicht gerade Schlange. Dann erhob sich eine Stimme: »Ich, ich möchte ... also, wenn ihr einverstanden seid.«

Schaute mich um und sah niemanden, der Einspruch einlegen wollte. Ingeborg konnte loslegen. Stellte mich auf eine ruhige Sitzung ein, Ingeborg und ihr unbewältigter Vaterkomplex, bitte sehr!

Bevor sie ein Wort sagen konnte, meldete sich die Westermann: »Moment, Ingeborg. Soviel ich von deiner Geschichte weiß, wäre eine Familienaufstellung mehr als angebracht.«

Familien... was ... was sollte das werden?

»Eine Familienaufstellung ist eine therapeutische Methode, die hervorragend geeignet ist, um ungelöste Konflikte innerhalb einer Familie darzustellen. Dazu nennt uns Ingeborg drei Mitglieder ihrer Familie, die in ihren Augen wichtig sind. Und dann suchst du dir, Ingeborg, in dieser Gruppe drei Leute aus, die stellvertretend die drei wichtigsten Mitglieder deiner Familie darstellen. Welche sollen das sein, Ingeborg?«

Meine Güte, die Frau war Mitte fünfzig! Sollte dann nicht langsam die ganze Familienscheiße durch sein?

»Ich brauche meine Mutter, meinen Bruder und ... natürlich ... meinen Vater.«

Lehnte mich zurück, in Erwartung eines Schauspiels, dem ich durchaus interessiert zuschauen wollte.

»Gut, Ingeborg, wen möchtest du aus der Runde auswählen?«

»Jörg ist mein Bruder, Ariane meine Mutter ...« Hey, Ingeborg, Ariane ist viel zu jung, um deine Mutter ... »Und mein Vater soll Henk sein.«

Begriff erst nicht, was da vor sich ging. Die Frau war über 15 Jahre älter als ich, was wollte die von mir?

»Seid ihr alle einverstanden mit euren Rollen?«, fragte Claudia in die Runde.

Ariane und Jörg schienen ebenso überrumpelt wie ich, gaben aber sofort ihre Zustimmung.

»Henk, und du?«

Fielen alle Blicke auf mich, auf den Henk, der noch nicht mal Kinder hatte, der nur seine Ruhe wollte. Ingeborg sah mich sehnsüchtig und bettelnd an.

Na gut, wollte kein Spielverderber sein, würde schon nicht so schlimm werden. Hielt die Bande noch bissken hin, wand und räusperte mich, um letztlich ein gequältes »Okay« hervorzupressen. Schon die Bezeichnung »Familienaufstellung« ließ keinen Zweifel zu, man musste sich aus den Kissen erheben und aufstehen. Wurden hin und her dirigiert, angeleitet, wie wir uns gegenüber Ingeborg zu positionieren hatten. Bissken wie beim Theater. Na, meinetwegen. Ging los mit Ariane als Mutter, nun ja, das übliche Gezanke, nichts Neues und an sich harmlos. Jörg in seiner Rolle als Bruder musste schon mehr aushalten, hatte die jungenhafte Ingeborg offensichtlich nicht als Schwester anerkannt, ihr wohl alles Weibliche abgesprochen. Wenn ich mir Ingeborg genau anschaute, wurde mir klar, warum er die Sache so sah. Ein Bruder will eben stolz auf seine hübsche Schwester sein.

»Und wie war's mit deinem Vater?«, stachelte die Westermann Ingeborg an.

»Mein Vater war grausam, herrschsüchtig und ungerecht. Vor allem mir gegenüber. Ich war für ihn weder Fisch noch Fleisch. Seine Süße war meine Schwester, sein Junge mein Bruder, für mich war da kein Platz! Ich war Luft für ihn und genauso hat er mich behandelt – wie schlechte Luft, die ihm stank!« Kein übler Vergleich, Ingeborg!

Ich tänzelte von einem Bein aufs andere und hoffte, sie hätte langsam ihr ganzes Pulver verschossen.

Meldete sich die Therapeutin erneut zu Wort: »Schau deinen Vater ganz genau an. Was würdest du ihm jetzt am liebsten sagen, keine Hemmungen, Ingeborg!«

Mann, dumme Pute, du, was machste die Frau jetzt noch extra wild?

Ingeborg nahm die Aufforderung dankend an, schenkte mir den Blick eines tollwütigen Kaninchens, das es der Schlange mal richtig zeigen will. »Ich würde ihm am liebsten in die Eier treten!« Sie bebte vor Wut und ich machte mir ernsthafte Sorgen, ob ich hier noch als zeugungsfähiger Mann rauskommen würde. Meine Eier sollten intakt bleiben, trat automatisch einen Schritt zurück.

»Gut, Ingeborg, sehr gut«, jubelte die Westermann. »Das hast du prima rausgelassen, die ganze Wut! Jetzt komm wieder zu dir und atme tief durch. Henk, bist du okay?«

Blöde Frage. »Ging mir schon mal besser, aber schon in Ordnung soweit.«

Ingeborg war aus ihrer Rolle erwacht: »Henk, ich wollte dich nicht verängstigen. Oh Gott, das tut mir jetzt leid, ich mag dich doch so gern!« Als sie das sagte, strich sie mir über den Kopf wie einem Hund, dem man aus Versehen auf die Pfote getreten war. Das war fast schlimmer als die Drohung zuvor.

Nach der Sitzung war's so weit: Ich brauchte einen Drink. Im Ort gab's einen Italiener, bestellte mir zur Mittagspasta einen Gin Tonic. Und nach dem Essen gleich noch einen – den Wacholder riecht man kaum. Putzte mir zur Sicherheit noch die Zähne, bevor ich mich zur Progressiven Muskelentspannung einfand.

Alle saßen im Kreis, mittendrin eine Schwarzhaarige, die bei nicht wenigen Männern den Status einer Granate erreicht hätte. Der eine oder andere männliche Mitpatient hatte mich schon vor der Stunde neugierig gemacht: »Du hast PMS bei der Pantelic? Mann, die würd ich gern mal … « Die Pantelic bediente tatsächlich ein paar Klischees: Ganz in Weiß gekleidet, stach besonders ihr tiefbrauner Teint hervor, der nicht zuletzt das Ergebnis von reichlich Make-up war. Blutrot geschminkte Lippen, große Portion Kajal und Augenbrauen, die nicht mehr aus Haaren, sondern nur noch aus einem schwarzen Strich bestanden. Sie hätte in, nun ja, langen Stiefeln problemlos auf der Oranienburger stehen können. Da wäre allerdings das Gegenteil von *Muskelentspannung* angesagt gewesen.

Hieß sie uns mit unüberhörbarem serbischen Akzent willkommen und erläuterte uns erst mal den Sinn der PMS. Ging – welch Überraschung! – um Entspannung, Loslassen, mir kam's langsam aus den Ohren raus. Alle bitte die Augen zu, dann diesen Muskel anspannen und wieder entspannen, dann den nächsten, ging so vom Kopf bis zu den Füßen. Auch der Arsch durfte mitmachen, von ihr korrekt »Gesäß« genannt. Schade, hätte aus ihrem Munde gern das Wort »Arsch« gehört.

Konnte die Augen natürlich nicht permanent geschlossen halten, musste ab und an blinzeln und schauen, ob die anderen brav die Augen zu hatten. Hatten sie tatsächlich. Verpassten was, besonders, als die Gesichtsmuskeln dran waren. Nicht wenige strengten sich derartig an, dass sie wie zerknirschte Reptilien aussahen. Die Pantelic zog ihre Nummer ungerührt mit offenen Augen durch, aber sie entdeckte meine kleine Schummelei nicht. Sah sie mit dem rechten Auge an und dachte, man könnte die Sache viel interessanter und befriedigender gestalten: Einfach die serbische Granate von Zimmer zu Zimmer schicken, die Männer würden es ihr mit äußerst progressiver *Muskelanspannung* danken. Und auch bei den Frauen würde sich bestimmt die eine oder andere Liebhaberin dieser Maßnahme finden.

Henk, die Welt ist kein Puff!

Schade eigentlich. Denn jetzt, in diesem Raum, war ich meilenweit von Entspannung entfernt.

Fand meinen Frieden, wenn ich ein Mittagsschläfchen halten konnte, Vorhänge zu, Handy aus, herrlich! Auch meine Spaziergänge durch das sich unmittelbar vor der Klinik ausbreitende Grün legten sich wie eine warme Decke auf meine Seele. Genoss das Schwimmbad, wenn ich alleine meine Bahnen ziehen konnte. Der Trick war, kurz vor dem Abendessen ins Wasser zu gehen, dann bereiteten sich die Leute schon gierig auf das kostenlose Fresschen vor. Fühlte mich in diesen Momenten so geborgen wie noch nie zuvor. Gut, vielleicht war's im Mutterleib ähnlich gewesen, aber daran konnte ich mich nicht mehr erinnern. Keine Zwänge, kein Druck, dagegen waren selbst die Gruppensitzungen machtlos. Machte Massage und Physiotherapie weiter, Tai-Chi und PMS ließ ich mit Zustimmung der Westermann sein. Propagierten doch eine individuelle Betreuung, hatte einfach explizit drauf hingewiesen, dass mich diese Geschichten so gar nicht entspannten.

»Ich fand's gut, wie stark du in der Rolle von Ingeborgs Vater warst und sie hat dich nicht ausgesucht, weil du sie an ihren Vater erinnerst. Sie hat dich instinktiv gewählt, weil sie wusste, dass du die Rolle gut ausfüllen wirst. Henk, hast du es noch nicht gemerkt? Deine Mitpatienten mögen dich!« sagte Claudia.

Ja, war mir nicht entgangen. Schloss mich sogar hin und wieder an, wenn sie am Abend noch gemeinsam in den Kurpark gingen. Hatte mich Conny sogar mal nach meinem Parfüm gefragt.

»212 Men von Carolina Herrera, nur in ausgewählten Parfümerien erhältlich. *Außerdem ein Männerduft, Conny!*«

»Macht nichts, Henk. Bin eh das Weibchen in der Beziehung, Beate ist der Mann.«

Da liebten sich zwei Frauen und eine war dann doch der Mann. Gut, die Erde hat zwei Pole, warum nicht auch die gleichgeschlechtliche Liebe?

»Ach, Claudia, die Sache mit dem Menschenfreund mag ja schön und gut sein. Aber ich trau der Sache nicht. Machste nicht bei allen Ausflügen mit und weist freundlich darauf hin, dass du deine Rückzugsgebiete brauchst, dann fangen sie fix das Maulen an. Von wegen ich würde mich wohl für was Besseres halten. Alles erlebt.«

Am Ende hatte sie natürlich recht, das Zusammensein mit Menschen, die nicht aus der Werbung kamen, erweiterte meinen Horizont. Machte mich ruhiger. So schwer die Schicksale anderer in geballter Form auch zu ertragen waren, sie machten mir klar, dass es noch eine andere Welt da draußen gab. Eine Welt abseits meines Luxuslebens, die ich völlig ausgeblendet hatte. Trotzdem, musste deshalb noch lange nicht den liebenswürdigen und selbstlosen Freund aller Kreaturen und Lebensformen geben.

Gab mir der Oberastrologe Professor Doktor Käpt'n Iglo auch noch was mit auf den Weg. Nachdem er mir in aller Ausführlichkeit mein Horoskop erläutert hatte, von wegen welches Haus wo steht und welcher Planet damit korrespondiert oder nicht, unterm Strich natürlich abstruses Zeug, kam er zu dem Schluss: »Herr Bader, wissen Sie, was Sie sind?«

Na, wirste mir gleich verraten, ein Hinweis: »Bipolar« kenn ich schon!

»Bader, Sie sind eine Follow-me-Persönlichkeit!«

Nun, als Creative Director war ich halt eine Führungskraft, insofern war das keine wirkliche Neuigkeit. Aber so auf den Punkt gebracht hatte's vor ihm trotzdem noch niemand, gefiel mir. Mochte es als Werber natürlich, wenn jemand eine Sache laserscharf formulieren konnte, wie einen Slogan. Mehr davon!

Hätte ihm gern noch das Geheimnis meiner Leave-me-alone-Persönlichkeit entlockt. Leider bestanden unsere weiteren Gespräche nur aus belanglosem Wie-geht's-Ihnen?-Kram. Kam irgendwann sogar noch kruder: Fing er an, von seinen eigenen Leiden zu erzählen, vom Kampf gegen die Aktiengesellschaft, die seine Klinik vor zwei Jahren übernommen hatte, von seinem Diabetes, seiner Frau, der's auch nicht gut ging. Klar, erschien er mir so ganz menschlich, aber was sollte ich damit anfangen? Den Käpt'n in die Arme nehmen, ihn herzen? Dafür, dass er mir jede Stunde ein saftiges Honorar berechnete?

Nach vier Wochen sprach er mich auf eine Verlängerung um weitere zwei Wochen an. Nein, an seiner rudimentären Betreuung lag es sicher nicht, dass ich zustimmte. Claudia brachte mir was, die Gruppe auch ein bisschen, aber vor allem diese samtene Geborgenheit, die ich hier empfand und die von Tag zu Tag wuchs. Ja, war ich ein Fötus, war ein nacktes Kängurubaby, das im warmen Beutel der Mutter beschützt und sicher ist, lebt, sich um nichts kümmern muss. Einverstanden, bitte zwei Wochen mehr davon!

Auch die läufige Anwältin musste ich nicht mehr fürchten, sie hatte sich einen traumatisierten Kampfschwimmer geangelt, der im Kopf sicher nicht mehr einwandfrei funktionierte, aber immer noch einen perfekten Körper vorweisen konnte. Genug Treibstoff für Ariane von Marwedel. Ihre Geschichte war relativ banal: Als junge Anwältin in eine Kanzlei mit alten Haudegen gekommen, versuchte sie, sich hochzubumsen. Klappte so lange, bis eine der betrogenen Ehefrauen davon Wind bekam. Und die wollte auf keinen Fall auf ihre Annehmlichkeiten als Frau eines erfolgreichen Anwaltes verzichten, von wegen Villa, Porsche-Cabrio und überhaupt. Zog Ariane den Kürzeren und fiel daraufhin in ein schwarzes Loch. Burn-out, haha! Wer hoch pokert, sollte das Dasein als Lucky Loser nicht scheuen. Ariane scheute es, musste sie also eine eigene Kanzlei aufmachen. Hielt sich mein Mitleid in Grenzen.

Nein, wirklich hart getroffen hatte es Jörg und Bernd. Jörg, also Jockel, tummelte sich mit seiner Frau gern in Swingerclubs. Wusste ich's doch! Wie der aussah und sich anzog, das erinnerte mich doch stark an die Besucher des Kit-Kat-Clubs, die auf der guten alten Schiene des Paartausches unterwegs waren. Lernten sie auf einer ihrer Safaris durch die Wildnis der Nacht ein anderes Paar kennen. Verliebte sich Jockels Frau in den geswingten Mann, der leider manischer Spieler und obendrein noch massiver Kokskonsument war. Behielt die Frau die Zuneigung für sich, auch die finanziellen Zuwendungen für ihre neue Liebschaft. Und die waren nicht ohne. Jedenfalls stand eines Tages der Gerichtsvollzieher vor dem schmucken Eigenheim, das Jockel für sich, seine Frau und die zwei Kinder errichtet hatte. Vor lauter Liebe und Vertrauen hatte er vergessen, mal einen Blick auf das gemeinsame Konto zu werfen. Nun stand das Haus zur Zwangsversteigerung, die Frau längst weg, obendrein noch Streit um das Sorgerecht für die Kinder. Wusste nicht, wann ich jemals derartig viel Mitgefühl empfunden hatte.

Vielleicht für Bernd? Der Mann war Lehrer und hatte schon genug unter der Aufsässigkeit seiner Schüler zu leiden. Aber das war dem Leben nicht genug an Gemeinheit, es haute ihm noch extra eine rein. Seine Frau und treusorgende Mutter seiner drei Kinder war kein einfacher Mensch, bisschen spinnert war sie schon immer, aber er liebte sie, es wurde nie langweilig. Erst fing sie an, die Kinder zu vernachlässigen, dann sich selbst, bis sie schließlich an einem Freitagnachmittag nackt durch die Fußgängerzone des beschaulichen Städtchens lief, in dem man einander kennt und natürlich auch den Deutschlehrer vom Gymnasium. Am Ende der Einkaufsmeile war ein Bettengeschäft, in das sich Bernds Frau stürzte, um sich auf dem teuersten Ausstellungsstück breitbeinig hinzulegen und sich mittels ihres Mittelfingers selbst zu befriedigen. Und das war erst der Anfang. Nach jedem stationären Aufenthalt startete sie neue Ausflüge, mal zur Feuerwehr, zum Bäcker und am Ende erschien sie sogar als paarungswillige Furie bei der Polizei. Wie sollte man darauf angemessen reagieren? So was verkraften? Schier unmöglich.

Weder Jörg noch Bernd hatten ein Alkoholproblem, also lud ich beide kurz vor meinem Abschied zu einer kleinen Sause ein, die wir bis Ultimo ausdehnten – um 22 Uhr schlossen sich die Tore der Klinik. Saßen ein Lehrer, ein Ingenieur und ein Werber gemeinsam am Tresen und besoffen sich. Schworen einander lebenslange Freundschaft und überhaupt. Beide waren glücklich und ich auch.

Ein paar Tage später war's so weit: Machte mich auf den Weg zurück nach Berlin. Überhäuften mich die Leute aus der Gruppe mit gut gemeinten Geschenken, die allesamt vor Kitsch triefen. Hätte den Krempel sonst sofort in den Müll gepfeffert! Hier und heute bedeutete mir das Zeug aber was, nahm's gerührt entgegen und packte es behutsam ein. Fühlte mich gut und geheilt. Ja, war bereit für den zweiten Teil meines Lebens.

SECHSTES KAPITEL

Geschenke
des Himmels

Mit jedem Kilometer, den ich Berlin näher kam, wurde ich unruhiger. Freute mich natürlich auf die Stadt, endlich wieder Großstadtleben! Aber die Wohnung, in der niemand auf mich wartete, machte mir Angst. Von der weiteren Zukunft ganz zu schweigen. Claudia hatte mir noch die Adresse eines ehemaligen Kollegen aus Göttingen mitgegeben, der nun in Berlin wohnte und dort als Therapeut praktizierte. Sollte ihm schöne Grüße von ihr ausrichten, dann würde es schon klappen mit einem Termin. Ihr Wort in Gottes Ohr!

Zu Hause angekommen, begrüßte mich Rolf: »Na, wie war die Kur?« Hatte ihm was von wiederholten Störungen des vegetativen Nervensystems erzählt.

»So weit ganz gut, sehr erholsam, bin wieder in der Spur.«

Er trat näher an mich heran und flüsterte: »Hier hat zweimal jemand nach dir gefragt. Ehrlich gesagt glaub ich, dass es der Gerichtsvollzieher war.«

Haute mir die Wirklichkeit also gleich 'nen nassen Lappen mitten ins Gesicht – willkommen!

»Und der Marquardt von der Hausverwaltung wollte auch wissen, wo du steckst.«

Dem nassen Lappen folgte eine Faust.

Kaum in der Wohnung, wollte ich sofort zurück. Lasst mich wieder in den Mutterleib! Lief erst ein paar Meter Zickzack, fing das Schwitzen an. Wie, was, wohin jetzt? Suchte nach Alkohol und fand noch eine Flasche Rotwein, entkorkte sie sofort und nahm sie mir in vollen Zügen zur Brust.

Gerichtsvollzieher! Vermieter! Die Schlinge zog sich fester zu. Wie viel Sauerstoff würde meinem Gehirn noch bleiben, um ruhige und klare Entscheidungen zu treffen? Eigentlich war mein Körper in guter Verfassung, die Blutuntersuchungen in der Klinik hatten nichts ergeben, was besorgniserregend war. Gut, bisschen erhöhte Leberwerte, Nebenwirkungen von

Gin Tonic und Rotwein. Hat doch jedes Medikament Nebenwirkungen!

Am Ende des Rotweins angekommen, legte ich mich ins
Bett. Morgen war ein neuer Tag, morgen würde ich den
Göttinger anrufen, der jetzt auch ein Berliner sein wollte.

Punkt zehn wählte ich seine Nummer, ging er sofort ran!
»Flemming Günzel, hallo!?«

Ach ja, hatte völlig vergessen, welch lustigen Namen der
Mann trug. Sympathisch. Machten einen Termin für die
nächste Woche aus. Auf Claudia war also Verlass.

Um bis dahin nicht ein einsamer Alkoholiker zu werden,
beschloss ich, lieber in Gesellschaft zu trinken. Setzte mich
gern ins Cibo Matto am Hackeschen Markt. War Café, Bar
und Restaurant in einem. Wer wollte, konnte hier die Vorhut
einer schicken Berlin-Mitte-Gesellschaft erkennen. Tat dem
Laden damit allerdings unrecht, der Besitzer kam noch aus
den wilden Neunzigern und die Leute hinterm Tresen waren
keine durchgestylten, übellaunigen Models, waren lustige
bis schräge Typen. Drei Jahre später sollte dem Cibo durch
einen absurden Namensstreit mit Tchibo der Garaus gemacht
werden. Horrende Anwaltskosten brachen ihnen das Genick,
danach kam allerfieseste Systemgastronomie in die Räume.
Der Lauf der Dinge. Und der ist nicht immer wünschenswert.

Hatten sie zu fairen Preisen gute Weine im Programm,
kostenlos war die Unterhaltung durch die Bewohner des
Seniorenstiftes nebenan, die sich hier regelmäßig einfanden.
Musste ein Künstlerheim sein, noch nie hatte ich so lebens-
lustige Alte erlebt, die sich am Nachmittag gern ein Gläschen
bestellten. Natürlich kam auch der ein oder andere Wichtigtuer, manchmal sogar einer aus Hamburg, den ich kannte.
Aber das Cibo war noch nicht komplett verseucht mit derarti-

gen Kreaturen, unterm Strich war es ein angenehmer Aufenthaltsort. Würde Joseph Roth zu Beginn des 21. Jahrhunderts leben, würde ich mich nicht wundern, ihn hier zu treffen.

An diesem milden Mai-Nachmittag im Jahr 2002 traf ich auf eine Lady, der ich's durchaus zutraute, dass sie Joseph Roth noch persönlich begegnet war. Musste von nebenan kommen und hatte ihre besten Jahre hinter sich. Bissken der Marlene-Dietrich-Typ: groß, rank, schlank, aber nicht im Hosenanzug. Ihre langen, immer noch respektablen Beine steckten in hautfarbenen Nylons, die hier und da Fäden hatten und Falten warfen, sie endeten in knallroten Pumps. Bewunderte ihre patinierte Grandezza.

Bestellte mir einen Rioja und holte meinen Notizblock raus, in der Hoffnung, die Muse würde mir den Kuss einer Idee schenken. Dachte an ein Theaterstück, ein wildes Ding von Aufführung, das ich der Volksbühne verkaufen könnte. Henk, der Träumer, da war er wieder! Zündete mir eine Silk Cut an und fühlte mich zum ersten Mal nach meiner Rückkehr wohl. Bissken wie im Mutterleib.

Fiel mein Blick auf ein Mädchen zwei Tische weiter, das fast in das Buch hineinkroch, was es da las. Haruki Murakami, nicht übel für jemanden, der – geschätzt – gerade mal zwanzig war. Nein, die junge Frau las nicht einfach, ihrer Mimik nach schien sie den Roman *zu leben*. Hatte so was noch nie gesehen und hörte nicht auf, sie anzuschauen. Haare zurückgesteckt, frecher Pferdeschwanz, hübsches Gesicht, süß-sinnlicher, roséfarbener Mund. Kannte mich, den alten Talentscout, der nach dem ersten Blick in der Lage war, einen besonderen Menschen zu erkennen. Aber es zuckte keine Nele-Lust in mir, verdammt, bei diesem Herzeken wurde mir mein Herz warm und nicht der Schwanz steif.

Henk, wirst dich doch nicht verlieben?

Schnauze! Verbot der inneren Stimme sofort das Wort und hatte nur noch einen Gedanken: Wie dieses wunderbare Wesen ansprechen?

Beobachtete sie unablässig, auf der Suche nach weiteren Informationen, die mir vielleicht weiterhelfen konnten: Aschenbecher, eine ausgedrückte Kippe drin – aha, rauchte sie also. Schon mal nicht so übel, konnte ihr 'ne gute Englische anbieten. Mit 'nem Drink würde's dagegen schwierig werden, vor ihr stand ein Cappuccino. Da muss man vorsichtig sein, eine Einladung zu einem alkoholischen Getränk kann gern mal missverstanden werden – besonders am Nachmittag. Wie ausgiebig ich sie auch beobachtete, sie schenkte mir nicht einen einzigen Blick. Jegliche Kontaktaufnahme würde hier – im Marketingdeutsch – eine *kalte* sein, also eine ungewollte.

Konnt nicht anders, sie war ein Magnet. Da sie mich nicht im Auge hatte, bestellte ich noch einen Rioja, um mir die letzten Hemmungen wegzusüffeln. Hatte selbst noch nichts von Murakami gelesen, wusste aber, dass er der angesagteste japanische Schriftsteller war, seit Jahren reif für den Nobelpreis. Ha, das war's, da hatte ich das entscheidende Stichwort.

Gerade holte ich Luft und wollte mich zu ihr rüberbeugen, als mich die verwitterte Lady ansprach: »Dieses neue Geld, da soll sich mal jemand auskennen! Ist nun schon das dritte Mal in meinem Leben, aber diesmal ist es besonders schlimm.«

Wusste nicht genau, was sie wollte, aber sie robbte auf der umlaufenden Lederbank an mich ran, bis ich's begriffen hatte: Ihre Barschaften reichten nicht für die Drinks, die sie getrunken hatte. Die Bedienung stand schon bei Fuß und rollte mit den Augen. War ich dran. Und in jedem anderen Moment hätt ich nicht nur ihre Rechnung beglichen, sondern ihr noch 'nen weiteren Schnaps spendiert. *Aber nicht jetzt!*

Merkte gerade noch rechtzeitig, dass mich die Süße mit dem Murakami anschaute. Instinktiv nahm ich die Bedienung zur Seite: »Schreib's auf meine Rechnung und gib ihr noch einen.«

Die Lady lächelte, die Bedienung ebenso und das hübsche Bücherwürmchen auch.

Perfekter Einstieg, jetzt, Henk! Nahm sie ins Visier und sagte: »Ist das nicht bitter, im Alter kein Geld mehr für einen Drink zu haben?!«

Ihr Mund öffnete sich wie eine Sommerblüte und sie schenkte mir ein umwerfend ehrliches und ansteckendes Lachen. »Oh, das find ich aber nett von dir.«

Konterte sofort: »Versteht sich doch von selbst. Hallo, bin übrigens Henk.«

Hörte sie nicht auf mit ihrem umwerfenden Lächeln. »Mein Name ist Franziska.«

Ah, warum sagte sie nicht mehr? Immer nur diese kurzen Sätze!

Musste ich also wieder ran: »Hey, du liest Murakami, find ich großartig.«

»Kennst du Murakami?«

Nein, kannte ich nicht, warum nicht eine Frage zu *meiner* Person, bisschen mehr Interaktion? Ein Selbstläufer würde das hier nicht werden! In meinem Hirn arbeitete es wie in einem Computer, den man mit einem besonders schwierigen Rechenauftrag konfrontiert hatte.

»Nicht direkt, aber ich lese selbst sehr viel und schreibe auch.«

Der Hinweis auf mein Schreiben war genial und verfehlte seine Wirkung nicht. War auch keine dreiste Lüge, wollte – aus welchem Grund auch immer – dieses Geschöpf nicht mit den üblichen Haken an Land ziehen.

»Du schreibst? Das hört sich interessant an. Fange nämlich im Herbst mein Studium der Literaturwissenschaften an.«

Welche Götter hatten mir dieses himmelsgleiche Päckchen gesandt?

»Kommst du aus Berlin, Franziska?«

»Nein, leider nicht, bin eine Ostpflanze aus Schwerin.«

Ein Mädchen aus dem Osten. Mit uns Schwerenötern aus Hamburg war ja in den Neunzigern die feuchte Fantasie durchgegangen. Mädchen aus Ostdeutschland hatten den Ruf weg, wie junge geile Hühnchen auf der Stange zu sitzen – nur noch zugreifen!

Sah Franziska mit anderen Augen, überhaupt mit den *Augen* und nicht mit dem Schwanz. Ja, war sie ein Apfel, so einer mit roten Bäckchen, der nach warmen Sommertagen schmeckt.

Ich, der Sommerflüchtling! War sie unspektakulär angezogen, weißes T-Shirt, blaue Jeans, weiße Sportschuhe. Passte aber perfekt, klassischer Sommermädchen-Stil, überhaupt strahlte sie eine Frische und Reinheit aus, die ich zuletzt bei den Mädchen in meiner Schule bewundert hatte. Kein Blech im Gesicht, peinliche Piercings waren ebenso abwesend wie aufdringlicher Schmuck oder eine Tätowierung, mit der sich immer mehr Frauen für Jahre entstellten.

»Darf ich mich zu dir setzen? Müssen wir uns nicht so über zwei Tische hinweg unterhalten«, fragte ich.

»Gern, komm rüber!«, lachte sie mir entgegen, wobei ihr ganzes Gesicht strahlte.

Lange her, seit mir mein Herz bis zum Hals geklopft hatte. »Würd dich gern auf einen Rotwein einladen oder einen Sekt, ganz wie du magst.«

Die Kleine schaute auf die Uhr und schüttelte den Kopf: »Tut mir leid, ich muss bald gehen.«

Aha, sie wollte sich aus der Affäre ziehen, mich galant loswerden.

»Aber vorher können wir gern noch eine zusammen rauchen, so viel Zeit sollte noch sein.« Auf ihre Art, die ich schon jetzt lieb gewonnen hatte, lächelte sie meine Zweifel weg.

Aber ich wusste: Die Zeit drängte, meine Handynummer wartete darauf, den Weg in den Speicher ihres Mobiltelefons zu finden. Bissken Smalltalk noch, dann musste der Überraschungsangriff kommen.

»Nun muss ich aber wirklich los, bin mit meiner besten Freundin verabredet. Die lebt jetzt auch in Berlin. Toll, nicht?«

Franziska meinte tatsächlich alles so, wie sie es sagte, keine Hintertürchen. Eine beste Freundin sollte mir recht sein, die Worte »mein Freund« wären ungleich grausamer gewesen. Nichts ist frustrierender, als wenn das Mädchen, in das du dich gerade verguckt hast, plötzlich den Stachel mit ihrem Freund ausfährt und ihn in dein verliebtes Herz bohrt.

Henk, haben wir richtig gehört: verliebt?

Gute Götter, spöttelt nicht so, weiß es selbst nicht, vielleicht bissken …

»Würd dich gern wiedersehen, also nur wenn du willst natürlich«, haspelte ich wie ein Pubertierender.

Graublaue Augen zwinkerten kurz, da arbeitete was in ihr, Ergebnis positiv: »Gib mir doch einfach deine E-Mail-Adresse, dann können wir uns schreiben.«

Schreiben, natürlich! Leseratten wollen schreiben, nicht telefonieren, zumindest nicht mit fremden Männern.

Mit meiner Adresse im Gepäck schwirrte sie davon. Ihr Pferdeschwanz wippte, als sie den Laden verließ und mir noch einen letzten Blick auf ihren perfekten Apfelpo gönnte. Sah noch ihre Apfelbrüste vor mir, die ich nur zu gut durch ihr enges T-Shirt bewundert hatte. Oh ja, ich bewunderte ihren Anblick!

Henk, langsam gehen sie mit dir durch.

Und wenn schon! Mein Apfel, ja, das war sie! Bot mir Franziska, bevor sie ging, noch an, sie Franzi zu nennen. Nein, so nannten sie alle, ich wollte einen Namen nur für mich, für uns. So weit war's schon!

War sie weg, brauchte ich fix noch einen Roten gegen das Loch, das ihr Abschied schon jetzt bei mir hinterlassen hatte. Würde sie sich bei mir melden? Wenn ja, wann?

Henk, häng dich da nicht so rein, du hast Wichtigeres zu erledigen!

Gab es Wichtigeres als ein frisches Apfelmädchen aus Schwerin?

Trank mich einigermaßen durch die nächsten Tage, bis Montagmorgen die nette Stimme von AOL meldete: »Sie haben Post!« Hatte sich bei all den Mahnungen zuletzt nur angehört wie: »Sie haben Pest!«

Gibt da diesen kitschigen Film mit Tom Hanks und Meg Ryan, aber Hollywoodkitsch ist nur so lange Kitsch, bis es dich selbst erwischt und dein Leben durch ein Schleuderprogramm gehörig durcheinandergewirbelt wird: Schrieb sie, wie schön sie unser Treffen fand, dies und jenes. Hechelte durch die Sätze, bis ich den entscheidenden entdeckte: »Möchte dich gern wiedersehen.« Jubelte wie ein Fußballfan nach dem Siegtor seiner Mannschaft, tanzte durchs Zimmer, drehte in meinem Glück fast durch.

Nicht sofort antworten, Henk!

Ach, was sollten die Spielchen, nie war dieser lächerliche Scheiß weniger angebracht als jetzt. Schlug den Freitag vor, bei Toni, Heimspiel mit Pasta und Prosecco. Mail abgeschickt, dann raus, erster Termin beim neuen Therapeuten. Konnt ich dem gleich mit 'ner guten Nachricht kommen, mal sehen, was er dazu auf Lager haben würde!

Der Günzel hatte seine Praxis in Kreuzberg, war ich ganz froh drüber, mal nicht Mitte. Gut, die Bergmannstraße war mittlerweile fast so angesagt wie Mitte. Aber auch nur fast, immer noch bunt und türkisch geprägt. War froh, mal aus meinem Biotop rauszukommen.

Öffnete mir ein Mann die Tür, auf den der Name »Flemming Günzel« haargenau passte: größer als ich, auch kein volles Haar mehr, der Rest legte sich wie ein unter Strom stehender, rotblonder Kranz um seinen Kopf. Guter Stil, fiel mir auch gleich auf. Seine kleinen, wachen Augen begrüßten mich freundlich.

Bat er mich in einen Raum, der ein Mix aus allem war, was ich bisher so an Therapiezimmerchen gesehen hatte: Flachsteppich, Matratze, Kissen und die unvermeidlichen Riesengummibälle, auf die sich tatsächlich Menschen setzten, um sich zum Clown zu machen. Am Fenster standen zwei Ledersessel. Bat er mich, auf einer von den senfgelben Sitzgelegenheiten Platz zu nehmen. Zwischen uns ein Tischchen mit 'ner Karaffe Wasser, zwei Gläsern und der ebenso unvermeidlichen Kleenex-Box. Zum Weinen war ich bestimmt nicht gekommen, hatte mir meine Tränendrüsen schon als Kind komplett leergeheult. Da war nix mehr zu holen, für niemanden, auch für Flemming Günzel nicht.

»Claudia, ja, die Claudia, eine gute Therapeutin. Aber sie hat mich vorgewarnt, Herr Bader. Sie ist nämlich der Meinung, dass Sie nicht wirklich therapiewillig sind.«

Haute rein, Hut ab, Günzel! Der wollte mich provozieren. Aufgepasst! Aber mir gefiel dieser Fausthieb als Einstieg. Vielleicht endlich einer, mit dem ich in den Ring steigen konnte!

Sammelte mich und antwortete: »Ach, Herr Günzel, gehören immer zwei dazu. Claudia Westermann war schon ganz nah dran bei mir, ist aber letztlich auch gescheitert, wie so viele vor ihr. Bin halt kein Nullachtfünfzehnfall, falls Sie mich verstehen.«

Eine Lichtung im Wald, standen sich zwei Zwölfender gegenüber, konnte der Kampf losgehen!

Günzel röhrte: »Ich hab hier was für Sie vorbereitet, ein Flipchart, noch ist das Blatt leer. Aber Sie werden es gleich füllen, so hoffe ich doch.«

Flipchart? Kein Utensil aus der Werbung hasste ich mehr als dieses Ding! War das Poesiealbum von Kontaktern und Kunden, auf dem sie uns Kreativen mit ihren Eddings versuchten, Vorschriften zu machen. Schrieben sie Schlagworte drauf, die einzig und allein dadurch, dass sie auf diesem verdammten Papier standen, so was wie die absolute Wahrheit sein sollten. Dabei waren sie nur Killer für gute Ideen. Eine gute Idee ist nicht zu messen, nicht zu kategorisieren, eine gute Idee steht für sich.

Kam mir der Günzel also mit diesem verhassten Teil auf gespreizten Beinen, dieser ollen Nutte, bekannt aus den Konfis aller zweitklassigen Agenturen. Hatte das Ding erst nicht bemerkt, stand hinter meinem Sessel. Versuchte, besonders bedrohlich dreinzublicken, ignorierte er und zog das Teil mitten in den Raum. Und dann streckte er mir den Edding entgegen. Günzel, was willste mir beweisen?

»Nun sind Sie dran.«

Nahm den Stift in die Hand und fragte ihn: »Und was wollen Sie nun von mir? Ein Selbstbildnis?«

Ignorierte er den Witz: »Sie schreiben jetzt das Wort in die Mitte des Blattes, welches Ihnen für ihre Zukunft am wichtigsten erscheint.« Griff der sogar an meine Eier, ans Eingemachte!

Ah, gute Sache das, ein Wort für die Zukunft. Mein Hirn lief auf Hochtouren, musste dieses verschissene Wort finden, bevor der Günzel mir's in den Mund legte! Ja, was wollte ich? Friede? Ruhe? War noch nicht siebzig. Nein, wollte noch was, schrieb doch an meinem Theaterstück. Aber was wollte ich, was mir die Werbung nicht mehr geben konnte? Riesenwalnuss von Hirn, warum trag ich dich seit meiner Geburt mit mir herum? Nun biete mir mal was und zwar schnell!

Günzel griente schon, gleich würde er's aussprechen, irgend so ein Therapeutenwort, so 'ne Weisheit, die vielleicht sogar passen würde.

A ... B ... C ... D ... negativ. E ... E, ja, auf mein Hirn konnt ich mich verlassen: *Erfüllung!* Erhob mich und malte mit dem dicken schwarzen Edding das Wort »Erfüllung« mitten auf das bescheuerte Blatt. Ha, Günzel!

»Das ist ein gutes Wort. Und nun malen Sie doch noch ein paar Igel und schreiben, was für Sie zu einem erfüllten Leben dazugehört, welche Faktoren Ihnen dabei wichtig sind. Ruhig Zeit lassen.«

Die brauchte ich auch. Wenn die Luftblase deines bisherigen Lebens geplatzt ist, fällt es dir nicht so leicht, dich im luftleeren Raum zurechtzufinden. Wichtig? Natürlich, das Schreiben! Tat mir wirklich gut, also rauf auf das Chart. Und irgendwo musste »Inspiration« hin. Gute, sehr gute Bücher. Hatte zu viel Zeit mit Illustrierten und Hochglanzmagazinen vergeudet. Lesen! Überhaupt, die Kunst, die war immer gut für eine Rettung vor der großen Leere. Kunst, Museen, Theater! Schaute Günzel an, sein Blick verriet mir: mehr bitte! Ach ja, sämtliche Therapeuten und Psychiater hatten unisono zu Bewegung an der frischen Luft geraten. Malte mit dem Edding das Wort »Bewegung« auf das weiße Blatt, dazu noch »Draußen sein«. Berlin bot ja jede Menge Abwechslung, einfach mal wieder mit der Kamera auf die Pirsch gehen, auch schon ewig nicht mehr gemacht. Fiel mir noch Entspannung ein – auch gut, nicht mehr so hetzen, die Ungeduld zügeln. Wollte gerade den Stift weglegen, da erschien mir Franziska – oh ja, die Liebe! Klar, der erste Spatenstich getan, aber noch nicht mal ein Fundament, auf dem ein Haus der Liebe entstehen konnte. Trotzdem: Wollte sie dabeihaben, notierte »Apfel«.

»Äh, Herr Bader, was meinen Sie denn mit ›Apfel‹?«, fragte Günzel staunend.

»Das ist der Punkt Liebe, habe da letzte Woche eine Frau kennengelernt, könnte was draus werden.«

»Letzte Woche erst kennengelernt? Herr Bader, machen Sie sich nicht zu viel Hoffnung, hängen Sie sich in Ihrer Situation nicht einfach so an einen Menschen.«

Was redete der? Mut machen klang definitiv anders. »Versuche nur, positiv zu denken, nach vorn zu schauen.«

»Ich wollte's nur gesagt haben … Aber was mir besonders auffällt: Auf ihrem Chart fehlt völlig das Geld. Wovon wollen Sie in Zukunft leben?« Hatte er die offene Wunde entdeckt und schon den Finger drin.

»Sie haben nicht unrecht, aber ich bin zunächst von dem ausgegangen, was mich erfüllen würde. Mit dem Hintergedanken, dass sich der Rest dann ergeben wird.« Und natürlich hatte ich's auch ausgespart, um das Thema Werbung zu umschiffen.

»Tut mir leid, das so zu sagen: Aber entweder sind Sie trotz allem ein gnadenloser Optimist oder ein Träumer.«

»Ich glaube, von beidem etwas.«

Verabredeten einen neuen Termin und ich freute mich schon auf Franziska. Zu Hause blinkte der Anrufbeantworter, zwei Nachrichten, Nummer eins: »Hey, ich bin's, Franziska. Ich muss unsere Verabredung leider absagen, meine Mutter kommt mich besuchen. Wie wär's nächste Woche? Meld dich doch mal.« Nachricht zwei: »Marquardt hier, Hausverwaltung. Sie sind jetzt zwei Mieten im Rückstand, Herr Bader. Wenn Sie nicht innerhalb von zehn Tagen den Rückstand begleichen, muss ich Ihnen leider fristlos kündigen. Sie kriegen das Ganze auch noch schriftlich!«

Wo war der Rotwein? Hatte der Träumer von Henk die Geldscheiße zuletzt erfolgreich ausgeblendet, schob sie sich nun mit aller Macht zurück in den Mittelpunkt. Lagen obendrein im Briefkasten wütende Schreiben sämtlicher Kreditkartenfirmen, die Sparkasse Hamburg drohte ebenfalls mit Kündigung aller Konten. Alle Wege führten in die Pleite, die gnadenlose, die endgültige, geradewegs in die Insolvenz. Hatte mich da schon schlaugemacht: Du hast dann zwar erst mal die Bande von Bluthunden vom Hals, bist jedoch auf Jahre gebrandmarkt, eine *Persona non grata* in jeder Bank. Kreditkarten? Hahaha! EC-Karte? Kommen Sie mal in ein paar Jahren wieder! Kannste froh sein, überhaupt noch ein Konto zu haben.

Sehr geehrter Herr Bader, ab sofort haben Sie sich fernzuhalten von Feinkostläden und Gourmetabteilungen, gern begrüßen wir Sie bei Aldi oder Lidl. Ein Essen bei Ihrem Lieblingsitaliener? Wir hätten da ein paar günstige Kochwürste für Sie! Im Übrigen empfehlen wir den Gang zum Sozialamt.

Oder lieber gleich den Strick? Obwohl der eine besonders hässliche Lösung wäre: Biste wirklich keine schöne Leiche, haste auch noch in die Hosen gemacht, ist ja immer so bei dieser Todesart. Würde eine Überdosis präferieren, die Mittel dazu lägen in Reichweite.

Entschied mich aber, vor dem allerletzten Schritt die Notfallnummer vom Günzel zu wählen. Konnte er mich am nächsten Tag dazwischenschieben. Schleuderte ich ihm eine Hasstirade auf das ungerechte Leben im Allgemeinen und auf meines im Speziellen entgegen. Kam ihm mit dem berühmten »Warum immer ich?« und meiner Enttäuschung in Sachen Franziska. Ärgerte mich ungefähr 15 Minuten schwarz und ließ ihn in dieser Zeit kein einziges Mal zu Wort kommen.

Unterbrach er mich schließlich mit lauter Stimme: »Herr Bader, stopp!« Na, da lässt man's mal raus und dann … »Junge, Junge, da hat sich was aufgestaut in Ihnen. Mir war klar, dass ihre zur Schau gestellte Lässigkeit letzte Woche nur eine Maske war.« Hätte mich noch stundenlang weiter über mein Schicksal beschweren können. »Sie sollten sich nicht länger was vormachen, Sie stehen so was von am Limit. Würde mich nicht wundern, wenn Sie suizidale Gedanken haben.«

Wollte ehrlich sein: »Sie sind ein Hellseher.«

»Nein, bin ich nicht. Ich sehe nur an Ihrem Verhalten, dass Sie ständig zwischen zwei Polen hin und her oszillieren. Einerseits diese rheinische Philosophie, von wegen ›Es ist ja immer gut gegangen.‹ Andererseits sind Sie zerfressen von Ärger über sich selbst und die ganze Welt da draußen!«

Warum bellte der mich so an? Verschränkte die Arme vor meiner Brust und schmollte.

Tat er mir sofort nach und grinste: »Was Sie können, kann ich schon lange. Sie glauben doch nicht, wenn Sie mich wie tollwütig anblaffen, dass ich Ihnen Zucker in den Arsch blase.«

Hut ab, der Mann fand die richtigen Worte. Und er sollte noch viel bessere finden.

»Na, nun fühlen Sie sich nicht gleich persönlich angegriffen, Herr Günzel!« Letzte Zuckung meiner dummen Selbstbehauptung.

»Und nun hören Sie mir mal ganz genau zu, Sie liebenswürdiger Narzisst. Sie müssen endlich lernen, Ihre Situation zu akzeptieren, sonst geht's nicht voran. Bedingungslose

Akzeptanz ist das Stichwort, ich wiederhole: *bedingungslose Akzeptanz!*«

Kannte nur die bedingungslose Kapitulation, aber das hier war besser, endlich ein ... ja, Slogan, mit dem ich was anfangen konnte.

Günzel war noch nicht am Ende: »Wissen Sie, Sie können nicht mit Ihrem Schicksal diskutieren, völlig aussichtslos. Das ist so, wie es ist! Annehmen und akzeptieren, ansonsten müssen Sie sich tatsächlich umbringen.«

Das war nicht Flemming Günzel, das war Muhammad Ali, der mich hier punchte, mir ein paar gerechte Schläge versetzte. Ich hatte sie verdient, genauso wie sie jetzt kamen. Slogans wie harte Schläge! »Bedingungslose Akzeptanz! Du kannst nicht mit deinem Schicksal diskutieren!« Wo hatte der das her? Vom besten Werbetexter der Welt? Wohl kaum, aber die Dinger waren genauso gut. Brauchte bissken, um diese Treffer zu verdauen.

Deutete Günzel wohl als Verärgerung meinerseits: »Final setzte ich noch einen drauf: Ärger ist Gewalt gegen sich selbst!«

Tatsächlich, der finale Punch!

Sammelte mich: »Günzel, Sie sind ein Held!«

Das hatte er nicht erwartet, verlegen schaute er mich an.

»Noch nie hat ein Therapeut derartig richtige und wichtige Dinge gesagt. Auf den Punkt! Ewige Dankbarkeit ist Ihnen sicher!«

Ich sprang auf, er auch, umarmte den Mann mit der ganzen physischen Kraft, die ich aufbringen konnte. Bat ihn noch darum, seine kostbaren Sätze auf ein weiteres Blatt schreiben und mitzunehmen zu dürfen. Nie hätte ich gedacht, dass dieses von mir immer verabscheute Medium mal dazu dienen würde, die absoluten Wahrheiten festzuhalten.

Als ich draußen war, sah ich die Welt mit anderen Augen.

Na, Henk, ist das nicht bissken schnell und einfach gedacht – die paar Worte?

Schnauze, Stimme! Wenn du's noch nicht gemerkt hast: Ich bin ein Mann des Wortes. Worte konnten schon immer die Welt verändern. Zum Beispiel: »*Am Anfang war das Wort!*« Moment, geht weiter: »*Und sie bewegt sich doch.*« Noch ein Satz? Bitte schön: »*Proletarier aller Länder, vereinigt euch!*« Ah, hab noch einen letzten: »*Make love, not war.*«

Meinetwegen konnte die ganze Welt an meinem Verstand zweifeln, aber der Günzel hatte mich erweckt. Nicht wie ein Guru, der dir sagt, wie du dein Leben zu führen hast (und wie du ihm dein Geld überlässt). Nein, er hatte mir Krücken gegeben und zwar verdammt gute, damit ich wieder lernen konnte, auf eigenen Beinen zu stehen.

Hatte eigentlich noch bei Rolf reinschauen wollen, als ich vor der Tür Franziska entdeckte, meinen Apfel!

»Tut mir leid, dass ich absagen musste. Meine Mutter ist heut bei ihrem Bruder in Potsdam, da dachte ich …«

Umarmte sie und zum ersten Mal spürte ich ihre zarten Arme, wie sie sich um mich schlangen. Meinem Kuss wich sie aber aus, also lieber keinen Rotwein holen und sie nicht nach oben einladen.

»Äh, wollen wir spazieren gehen?«

»Oh ja«, strahlte sie mich an.

Als wir in die Chausseestraße einbogen, schlug ich einen Besuch des Dorotheenstädtischen Friedhofs vor. Dort lagen Brecht, Heinrich Mann, Seghers und noch viele andere Künstler. Mochten andere morbide finden, aber sie war gleich Feuer und Flamme: »Eine schöne Idee. Da wollt ich schon immer hin!«

Gingen wir durch die Reihen, hielten vor den Gräbern der Genies inne und bestaunten die Mausoleen ehemaliger Größen aus Gesellschaft und Politik. Hier war sie, die viel beschriebene Oase mitten in der großen, lauten Stadt.

»Hörst du das? Die Birken im Wind, die Vögel – und das mitten in der Stadt. Komm, lass uns da auf die Bank setzen.«

Nahm sie mich bei der Hand und lotste mich zu einer Bank, deren grüne Farbe schon am Abblättern war. Egal, hätte 'ne Bank voller Vogelkacke sein können. Wie sie mich dahin führte, an ihrer Hand, fühlte mich wie 14 und zum ersten Mal verliebt.

»Du hast schöne Hände«, brachte ich noch eben so hervor.

»Danke, ein wirklich einzigartiges Kompliment. Die meisten Männer machen mir Komplimente für meine Figur und so.«

Hm, wollte ihr vorschlagen, sie nicht Franzi, sondern Apfel zu nennen. Konnte auch nicht mehr zurück, es lag schon auf meinen Lippen: »Weißte Franzi, die haben nicht ganz unrecht. Ist aber auch egal ... also ... jedenfalls bin ich kein Freund von, nun ja, austauschbaren Spitznamen. Darf ich dich Apfel nennen?«

Vor lauter verliebter Aufregung hatte ich völlig übersehen, dass wir auch auf der Bank Händchen hielten. War ich Protagonist in einer Geschichte von Rosamunde Pilcher oder gab's so was tatsächlich in der realen Welt? Na, immerhin war ich nicht der Earl of Schieß-mich-tot und sie nicht das Mädchen des Dorfschmiedes. Auch die Geigen fehlten.

»Apfel?«

Ihre leuchtenden Augen kamen immer näher, bis wir nicht mehr anders konnten, als uns zu küssen. Zart, aber mit Zunge.

»Bisher war ich immer die Franzi oder Franzimausi oder das Fränzchen.«

Das war wirklich eine Strafe.

Noch ein Kuss, bissken wilder.

»Und, darf ich mir für dich auch einen Namen ausdenken, der nicht so hart klingt wie Henk?«

Darfst du, darfst du, aber bitte jetzt keinen üblen Schnitzer!

»Für mich bist du der Wolf!«

Hatte sie gut zugehört. Nach dem Gaarder- und Coelho-Kitsch hatte ich mir aus lauter Verzweiflung und Sinnsuche den *Steppenwolf* von Hesse vorgenommen.

»Ja, das bist du für mich: ein einsamer Wolf. Und ein interessanter, begehrenswerter ...«

Noch ein Kuss.

Die Zeit drängte, ihre Mutter würde bald aus Potsdam zurück sein. Sicher, für eine schnelle Nummer hätte es noch gereicht, aber mir war nicht nach flüchtigem Sex am Nachmittag. Nicht mit dem Apfel. So ein Geschenk des Himmels bekommst du nicht alle Tage. Und ich hatte mir fest vorgenommen, mir mein Leben nicht mehr mit Ungeduld und Gier zu versauen. Das war gestern gewesen. Für mich begann der zweite Teil meines Lebens, in dem Franziska und Flemming Günzel – das zweite Geschenk – eine nicht unbedeutende Rolle spielen sollten.

Zum ersten Mal schliefen wir nach unserem Abend bei Toni miteinander. Es war wunderbar. Keine wilde Sauerei, einfach nur schöner Sex. Sie verlangte keine außergewöhnlichen Praktiken und mein Bedarf daran war nach all den Jahren des Brüsteklatschens, Peitschens und der absurden Stellungen mehr als gedeckt. Nein, hier gibt's keinen Bericht aus der Welt der kleinen Perversitäten, hier gibt's nur zwei verliebte Menschen, die nichts als Vereinigung wollten. Glücklicherweise konnte ich Toni zu später Stunde noch abfangen, wollte er uns auf ein Näsken einladen. Immer gern, mein Lieber, aber nicht mit dieser Frau!

Bevor sie mir das Penthouse kündigen konnten, machte ich alles zu Geld, was ich nicht für den täglichen Überlebenskampf benötigte: die Briefmarken- und Münzsammlung, die mir mein Vater vererbt hatte, Prospekte und Bücher von diversen Luxusautos, die amerikanischen Erstausgaben von Bukowski. Wollte das nicht, tat verdammt weh. Die Ankäufer waren Profis und rochen meine Not. Machten unverschämte Angebote und mich zu einem würdelosen Bettler. Trotzdem: Am Ende kam genug zusammen, damit ich die Mietschulden begleichen konnte. Und dann meinerseits kündigte. Bisschen Würde sollte mir also doch bleiben.

Franziska war sensibel genug, um mitzukriegen, unter welchem Druck ich stand. Hatte Angst, mich ihr zu offenbaren. Kein cooler Werber mit dickem Konto! Bald Hinterhaus statt Penthouse! Mehr Schulden als Verstand!

Lachte sie mich aus: »Ich liebe dich nicht, weil du Geld hast oder auch keins. Ich liebe dich, weil du so bist, wie du bist!«

Widersprach meinem Schicksal nicht mehr, wollt mich einfach nicht mehr auflehnen. Warum auch? Ich war in guten Händen.

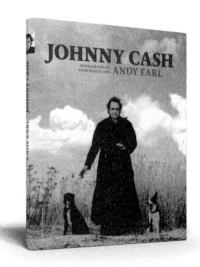

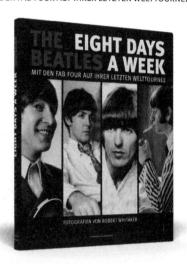

BOB MARLEY: SOUL REBEL

FOTOGRAFIEN VON DAVID BURNETT
DAS FASZINIERENDE PORTRÄT EINES AUSSERGEWÖHNLICHEN KÜNSTLERS

BOB MARLEY: SOUL REBEL
FOTOGRAFIEN VON DAVID BURNETT
Mit einem Essay von Chris Salewicz. Vorwort von Chris Murray.
144 Seiten, ca. 150 s/w- und farbige Abb., Premium-Hardcover
im Riesenformat mit zwei Ausklappseiten.
ISBN 978-3-89602-873-0 | Preis 49,90 €

»Ein üppiger Band mit Fotografien von David Burnett, der Marley auf 176 großformatigen Seiten zum Heiligen verklärt.«
Süddeutsche Zeitung

»»Soul Rebel‹ ist ein faszinierender Bildband, der nicht nur durch seine schiere Größe, sondern vor allem durch die Vielfalt und Kraft der Fotografien besticht: Burnett verbrachte viele Tage in Ocho Rios und Kingston, ließ Marley
für die Kamera genüsslich an der einen oder anderen Tüte ziehen – und verfolgte ihn sogar bis in den Schlaf, als er ihn später für den amerikanischen ›Rolling Stone‹ bei der ›Exodus‹-Tour begleitete. ›Soul Rebel‹ zeigt den Menschen hinter dem Mythos Bob Marley.«
Rolling Stone

»Beeindruckende Fotos des Reggae-Königs. Get up, stand up!«
TV Spielfilm

DER AUTOR

Wolf Hansen wurde 1966 in der Nähe von Hamburg geboren und wohnt seit über zehn Jahren in Berlin. In seinem autobiografischen Debütroman erzählt er die Geschichte seines Burn-outs – wie er vom Erfolgsmenschen zum Sozialfall wurde. Heute lebt der ehemalige Werbetexter mit seiner Lebensgefährtin zusammen und ist freier Autor.

Wolf Hansen
STÖRUNGSMELDUNGEN
Ein Erfolgsmensch stürzt ab: Die Geschichte eines Burn-outs
Autobiografischer Roman

ISBN 978-3-86265-117-7
© Schwarzkopf & Schwarzkopf Verlag GmbH, Berlin 2012
Coverfoto: © Moritz Thau

KATALOG
Wir senden Ihnen gern kostenlos unseren Katalog.
Schwarzkopf & Schwarzkopf Verlag GmbH
Kastanienallee 32, 10435 Berlin
Telefon: 030 – 44 33 63 00
Fax: 030 – 44 33 63 044

INTERNET | E-MAIL
www.schwarzkopf-schwarzkopf.de
info@schwarzkopf-schwarzkopf.de